班主任必备丛书
BANZHURENBIBEICONGSHU

班主任
如何教育"问题"学生

张春梅 刘凤英 李壮 编著

BANZHUREN
RUHEJIAOYUWENTI
XUESHENG

吉林文史出版社

图书在版编目（CIP）数据

班主任如何教育"问题"学生 / 张春梅，刘凤英，
李壮编著 . ——长春：
吉林文史出版社，2012. 12（2021.6重印）
（班主任必备丛书）
ISBN 978－7－5472－1337－7

Ⅰ . ①班… Ⅱ . ①张… ②刘… ③李… Ⅲ . ①中小学
生－后进生－教育－研究 Ⅳ . ①G635.5

中国版本图书馆 CIP 数据核字（2012）第 297206 号

班主任必备丛书

班主任如何教育"问题"学生

BANZHUREN RUHE JIAOYU WENTI XUESHENG

编著/张春海　刘凤英　李　壮
责任编辑/ 高冰若
封面设计/小徐书装
出版发行/吉林文史出版社
地址/长春市福祉大路5788号
邮编/130118
网址/www. jlws. com. cn
印刷/ 三河市燕春印务有限公司
开本/710mm×1000mm　1/16
印张/14　字数/150 千字
版次/2013 年 1 月第 1 版　2021 年 6 月第 3 次印刷
书号/ISBN 978－7－5472－1337－7
定价/39. 80 元

目　录

理论篇: 班主任与“问题”学生的教育

班
主
任
必
备
丛
书

中
学
班
主
任
如
何
教
育
『
问
题
』
学
生

理论篇

班主任与"问题"学生的教育

第一章　"问题"学生的界定

> 从我手里经过的学生成千上万，奇怪的是，留给我印象最深的并不是无可挑剔的模范生，而是别具特点、与众不同的孩子。
>
> ——苏霍姆林斯基

第一节　什么是"问题"学生

一提起"问题"学生，大家的第一反应就是差生、班级的麻烦制造者、让老师十分头疼的捣蛋鬼、让同学十分厌恶的坏学生，有的还是校园暴力的导火索。他们不但学习成绩差，行为习惯更差，成为班级和校园曝光率最高的人之一。这些学生在家中是小皇帝或者是"没人管"，在校内小错误天天有，大错误三六九，在校外结伴打架、偷窃、游乐……正所谓数量不多，但能量挺大。这样的学生，学校和老师不给予正确的教育，往往物极必反，最后落下了一些终身不能改正的恶习，将来走向社会成为社会的压力。"问题"学生如此让校园不安静，让我们先来了解一下，什么是"问题"学生？

一、"问题"学生的界定

"问题"学生一词最早出现在日本,在美国称之为"表现能力与潜在能力之间存在差距的学生"。我国教育界数十年来从来没有减少过对问题生的关注,光名称就有"差生,落后生,后进生,学困生,个别生,问题生"等多种,在我国20世纪80年代称他们为"差生",90年代叫作"学困生",90年代中期开始叫"问题"学生。这并不是简单的名词改变,而是与我国社会的进步、教育事业的发展密不可分。它是适应国家"普九"、"普十二"工作向前推进,教育普及化程度提高,新的问题不断产生的需要出现的。

目前,我们已经没有必要去区分这几个概念,"问题"学生已经不单指学习成绩不好的学生,也不单指品德不好的学生,在其他方面,如心理状态、学习态度、行为习惯等方面存在较为严重的问题,也是"问题"学生;"问题"学生一般也不止一个方面有问题,往往会出现很多综合问题。因此对于如何界定"问题"学生便显得尤为重要,对于到底什么是"问题"学生,学术界有很多不同的说法,主要以四个方面的标准来进行界定。

(一)以学习成绩的好坏为标准进行界定

学生以学习为天职,不少研究者以学习成绩为依据来界定"问题"学生。如大部分学者认为,所谓的"问题"学生主要是指那些学习成绩差的学生。由于他们在学习方面的低能表现,常被家长和老师认为他们是智能有问题;认为"问题"学生群体是指正式学生群体中的差生群体。

以学生学习成绩的好坏为标准进行"问题"学生界定,突出了学生活动的主导方面,应受到重视。其不足之处是:(1)以偏概全。因为差生未必都是"问题"学生,"问题"学生也未必都是差生。(2)将学习成绩与生理问题画上连接符号并不科学。学习成绩差并非就一定低能，低能者拼命努力、持之以恒，学习成绩也不一定就很差。(3) 将"问题"学生群体定位为差生群体也不符合实际，因为在优等生、中等生群体中也同样存在"问题"学生。[1]

(二)以不良的思想品德和行为方式为标准进行界定

从思想品德和行为方式上进行的界定，虽抓住了"问题"学生的核心特征，但由于"思想品德"问题是一个带有极强弹性的问题：不同的个人会有不同的道德评判标准，不同的学校也有不同的个性化校规，其间不排除不当标准和不当规定。这样，不同学校的不同的教育者，会对"问题"学生产生极不相同的认定。比如，有的学者认为，"在思想上存在严重问题，不能严格规范自身日常行为，甚至有违法犯罪倾向的学生"是"问题"学生；但另外一些学者则认为"'问题'学生并非指那些有犯罪经历或精神上有严重疾病必须经过医治才能正常生活的学生"，二者差别就极显著。

(三)以学生不健全的心理及个性特征为标准进行界定

从生理、心理角度切入对"问题"学生进行探讨，是许多研究者的选择。有学者认为"问题"学生是个人在社会化过程中，由于外在的和内在的刺激引起个体性格发生偏差，情感意志和思维等方面存在心理障碍或个体可能表现出问题行为的学生；他们在学校、家庭里面不合常规、有逆反心理、个性较为独特，这些学生也被称作"边缘学生"或"差生"；也有学者从身心发展的角度，认为"问题"学生是在性生理和性心理的发育中表现出了许多问题，如早恋、对性认识的误区、性知识的缺乏、不健康的

---

[1] 卢尧 黄少兵 汪学余 辜大庆.国内关于"问题"学生界定研究综述.中小学教师培训:2008（5）

性心理等引起的不良行为或由此而产生的负面效应等的学生。

这类界定由"问题"学生的外在行为进到了内心世界，是关于"问题"学生界定的一大进步，因为学生的"问题"行为往往源自"问题"心理。但这些界定中，也有一些不太合理的地方，如将具有"不合常规"、"逆反"、"个性独特"等心理特征者都视为"问题"学生就不科学，尤其是对于中学生，这些特征是他们发展过程中出现的正常心理现象；同时，"不合常规"、"个性独特"在许多情况下还是具备创造能力、创新精神的源头；此外，认为"问题"学生就是"差生"也不妥当。

（四）从社会、家庭环境的角度进行界定

人是社会演化的产物，许多研究者从社会学角度切入对"问题"学生进行概念界定，认为所谓的"问题"学生，是指由于社会发生的急剧变革，传统规范和伦理道德遭受冲击，社会贫富差距拉大，竞争与压力日趋升温等问题浓缩反映到校园，而产生的"与法律规范相抵触行为的学生"；这类学生不善于控制情绪和处理负面感受，具有反社会的人格倾向，极易爆发不可预测性的愤怒和暴力行为。

另一些研究者则从家庭教育角度加以界定，认为"问题"学生是指那些家庭教育出现了问题：如家庭离异、重组家庭、单亲家庭，或家庭教育不当，或社会性行为适应困难而出现的一类逆反社会的学生，表现出上网成瘾、赌博、偷窃、敲诈勒索、毁坏财物、打架杀人等攻击性行为。

从社会、家庭环境角度来定义"问题"学生，是一种就"问题"学生的"问题"行为与成长环境之间关系进行考量的产物。这种定义下的"问题"学生，既是社会环境的危害者，又是社会环境的产物。因此，学生成长环境的建设也成为转变"问题"学生的重要前提之一。

综上所述，"问题"学生指那些与同年龄段学生相比，由于受到家庭、社会、学校等方面的不良因素的影响及自身存在的有待改进的因素，在日常生活中不能严格规范自身行为、漠视校规校纪、法制观念淡薄、是非观念不强，在思想、认识、学业、行为和心理等方面存在着偏差或不足，需要在他人帮助下才能解决的学生。这里所指的"问题"学生并非那些有犯罪经历或精神上有严重疾病必须经过医治才能正常生活的学生，这些学生的"问题"只是由于在成长过程中受到了某种不良影响而造成的，并不是天生愚顽，不可救药。

二、"问题"学生在中学阶段的表现

在中学阶段，几乎每个班都有几个"问题"学生。他们是"麻烦制造者"，拖班级后腿者。因为中学时代正处于青春期，是人由儿童走向成熟的过渡阶段。此时的人既有别于成人，又非昔日幼稚的顽童，其最大特点就是身体和心理的迅速成长和发展。

（一）当今中学生的特点

今天的中学生成长在一个价值多元、充满变化的社会，他们中的许多人生活在丰裕的物质环境里，和信息社会同步成长。现在的中学生是什么样的？他们需要怎样的教育？苏霍姆林斯基说："应当了解孩子的长处和弱点，理解他的思想和内心感受，小心翼翼地接触他的心灵。"学生的心灵是丰富而又复杂的，许多时候，班主任与学生的身体距离是近在咫尺，而心理距离却远在天涯。对于班主任来说，只有认识和了解当代中学生的特点，才能做好班主任工作。

中学生正处于青春期，在身体形态和心理上均发生一系列的"质的"变化，同时，急速的发展往往产生一些不平衡，引发各种矛盾和问题，他们生理成熟提前而心理成熟滞后、渴望独立却又依赖性强，这一时期被德国心理学家称为"暴风雨时期"，美日心理学家称之为"危险期"。中学生的生长发展是一个不断变化的过程，其中既有积极、进步的变化，又有消极的变化。

中学生好奇心和求知欲增强，大多敢说、敢想、敢做，较少受传统习惯势力的束缚，创新意识增强，敢于标新立异，勇于解决新问题；他们的自信心和参与性较强，积极参与学校各种活动，善于表现自己。与此同时，他们的自尊心也较强、感情脆弱、情绪不稳定、具有幻想、学习兴趣逐渐分化，容易出现各种问题。如一位中学生发现他的日记被父亲偷看后，他大发雷霆，将日记撕碎，并且要离家出走，他说："我想用世界上最大的声音，告诉所有不信任我们的人：请信任我们！路是我们的，人生是我们的，生命是我们的。我们能够自己装点人生。大人应该给我们一些机会，让我们也试一试，不做一个永久的观众。"可见，他们遇到事情情绪较为激动，他们渴望被理解被尊重。

（二）中学阶段常见的"问题"学生

由于中学生的独特身心发展特点，相比其他年龄段"问题"学生的数量要多，容易出现的问题种类也较多，而且很多"问题"学生身上的问题往往也不止一种。此阶段的学生容易出现的典型问题有：叛逆、人际冲突、暴力、起哄、恶作剧、厌学、偏科、盲目追星、早恋、网络成瘾等等。

如一名中学生声称，"我仇恨女人，我要杀尽全天下的女人"，他不与女生搭同桌，不与女生说话，把唾沫吐在一个女生的杯子上。此外他还厌学、经常不交作业，与老师对立，课间物理老师让他帮助拿一下仪器，他马上答道："我凭什么帮你拿呢？"有人说，一个"问题"孩子的背后一定有着复杂的原因。他的班主任了解到孩子母亲曾跟第三者私奔在外,给他幼小的心灵造成伤害,父亲长年在外打工,孩子从小跟爷爷长大。了解到这些情况后,他的班主任下了很大功夫,跟他谈心交流,关心他、鼓励他进步,天天跟踪,每天有一点进步及时表扬,对他的点滴不良行为及时提醒。经过一段时间的努力,这个孩子的表现比以前大有进步,不与老师对立了,上课听讲认真了,作业基本也能按时交上,偶尔交不上,老师稍一提醒也能补上,与女性的对立情绪也没有以前大了。可见,只要教育方法得当,很多"问题"学生都是可以进步的。

因此,班主任如何教育好"问题"学生显得格外重要,这对于班主任的自身素质、教育观念以及教育方法都具有较高的要求。海南实验中学副校长王如琨说,初中阶段的学生处于"多事之秋"的叛逆期,转化一个"问题"学生比培养出10个优秀学生还要更难、更艰辛。

第二节 "问题"学生的主要类型

"问题"学生的分类是"问题"学生研究的一个重要课题,正确地进行"问题"学生的分类,对于提高教育干预的针对性和诊断的准确性具有重要意义。"问题"学生是一个复杂的群体,不同类型的"问题"学生具有不同的特点,存在着明显差异。而同一类型的"问题"学生,由于其所处的年龄阶段不同,其表现也各有差异。随着学生年龄的增长,他们在发展中各个阶段所出现问题的焦点也有所不同,教育干预的侧重点也要有所不同。即使是同一类问题,其行为特征也是不同的。只有弄清楚不同类型的"问题"学生的差异，才能有效地进行教育。

一、不同学者的分类

由于认识和研究的视角不同，不同学者对于"问题"学生的分类结果各有差异。大体上包括以下几种划分：

（一）从内容角度进行的分类

从内容角度，对"问题"学生有两种主导性划分：三种和五种类型划分。三种类型划分将"问题"学生划分为"学习类'问题'学生"、"行为类'问题'学生"和"心理类'问题'学生"三种；五种类型划分，将"问题"学生划分为：(1) 厌学型（"只要不谈学习就是好孩子"）；(2) 纪律型；(3) 品德型；(4) 心理障碍型；(5) "好学生"型（在学校一般是公认的好学生，各方面都不错，问题处于隐蔽状态。这种孩子有时会突然惹出大事，如早恋、出走、自杀）。这种较细划分有利于我们分门别类地对"问题"学生做深入研究。特别是"好学生"型"问题"学生的划入，是对教育实践者的有益提醒。

（二）从行为表现的倾向特征入手进行的划分

从行为表现的倾向特征角度，研究者将"问题"学生划分为"外向表现型'问题'学生"和"内向退缩型'问题'学生"两类。"外向表现型'问题'学生"往往心理活动和行为过度外倾，表现欲极强，如拒绝遵守校规班纪，上课故意捣乱（如顶撞老师、随意说话、大笑、唱歌、乱回答问题），打骂同学，穿奇装异服等。而"内向退缩型'问题'学生"则心理活动和行为反应严重内倾，对学校环境中的各种刺激采取退缩反应，以致心理严重紊乱，学习活动不能正常进行。这种划分有利于我们理性地认识"问题"学生，全面地对待"问题"学生，具有极大的实践参考价值。

（三）从层级角度入手进行的划分

在对"问题"学生进行分类时，有研究者在一级划分的基础上，又作了更为细致的二级划分。如有的学者就把"心理类'问题'学生"又归纳为六种：（1）情绪情感障碍型；（2）性格缺陷型；（3）意志行为障碍型；（4）品行障碍型；（5）神经症型；（6）身心障碍型。这种二级划分将"问题"学生的特征更精细化，个性也更加鲜明，实践操作价值也更强。

二、本书的分类

根据本书对于"问题"学生的定义，将"问题"学生分为以下四种类型：

1. 学习"问题"生。在中学阶段，学生的主要任务是学习，因而学习上出现问题往往更容易被教师和家长所关注。这类"问题"学生数量比较多，主要涉及厌学问题、后进生、问题尖子生、偏科问题。不同学习"问题"生的表现又各不相同，如某中学的学生张某，他不爱学习，上课不听讲，不做作业，由于长期不学习，对于学习已经自暴自弃，基本是破罐子破摔，他是个典型的后进生；而小雪虽然总体上学习成绩较好，可是数学成绩特别差，甚至不愿意见数学老师、不愿意上数学课，这是典型的偏科的学生。

2. 行为"问题"生。目前，中学生在行为上的问题比较典型的主要涉及暴力问题、网络成瘾、小团体生、起哄恶作剧等方面。比如某学生是班级里打败天下无敌手的类型，由于他打架厉害，班里有几个学生曾和他交手过，均以失败告终。所以他经常以此为炫耀自己的资本，班里的男生不敢和他打，就只能乖乖地听他的话，受他的支配。他看谁不顺眼，就纠集其他听命于他的学生为他打不顺眼的人，班里有的学生也会因崇拜或者害怕而误入歧途，加入了他的队伍。在他的眼里，没有容忍别人的一点地方；在他心中认定只有武力才能解决问题。他迷信拳头，性格暴躁，心胸狭窄。如果一旦有人惹了他，他就只认定一打到底的行为方式。这种学生称之为"暴力问题"学生。

3. 心理"问题"生。中学生处于身心发展的不平衡时期，普遍存在着的心理问题主要包括：叛逆、考试焦虑、人际冲突、早恋、盲目追星等方面。如小刚的父母总是不顾及孩子自身的条件和兴趣，完全根据自己的喜好为孩子定下不切实际的目标，一定要孩子按照自己的安排来做，这些已经严重脱离孩子的实际能力。如果觉得孩子在哪方面做得不好，或者没有达到自己对孩子的要求就打击责备。一开始小刚还言听计从，但是到了初中后，由于自我意识的觉醒，他开始反叛父母，与父母的关系十分紧张，进而发展到跟老师对立，上课不听讲，一副无所谓的样子，不听任何人的话，好像是跟所有的大人都是敌人。

4. 社会"问题"生。随着社会的变迁和时代的变化，因家庭变故、外出务工、工作繁忙等因素所产生的社会问题也越来越多，引发了关于单亲家庭儿童、留守儿童、隔代教育儿童、独生子女如何进行更好的教育的问题。如小芳就是一个单亲家庭的孩子，在她很小的时候父母便离婚了，她由母亲抚养，母亲的工作又忙，小芳得不到足够的教育和关爱。她总是觉得自己与别人不同，不喜欢与同学交往，害怕别人瞧不起她；给人的感觉就是她特别脆弱、敏感，老师的一句话和一个手势都会令她注意。因此，班主任对于这样的孩子的教育就要格外关注，需要用温和及关爱的态度来转化他们。

　　"问题"学生往往是容易被忽视和遗忘的孩子,"问题"学生的问题背后都有一定的原因。我们作为教育工作者不应该去责备他们,而要努力地寻找问题的所在。关爱"问题"学生,正确引导他们走出阴影,让我们用智慧去诊疗那些受伤的心灵!

第三节　"问题"学生的成因

　　"问题"学生的产生与家庭、学校、社会以及学生自身的生理个性特征有密切关系,而且大多是以上因素的综合体。

　　(一)个人因素

　　中学阶段的"问题"学生数量较多,一旦处理不好,危害也较大,其中重要的因素就是由于青春期的影响导致的身心发展失衡、人际关系不良、学习压力大等等。

　　1. 身心发展失衡

　　中学生正处在青春期,身心发生急剧变化,情绪易于波动,时而欢呼跳跃,时而灰心丧气,常常不能把握自己。中学生也正处于心理断乳期,对自己的身心发展感到困惑,对各种社会现象感到迷茫,对外面世界感到无奈。他们因没有得到正确的引导而思想空虚,喜欢寻找刺激,追求物质欲望,总是我行我素。如有的中学生为一点小事发脾气、打架伤人;有的中学生因心理空虚早恋、网络成瘾;有的为了显示自己恶作剧、盲目追星等等。

　　此外,还有的中学生敏感、嫉妒、报复心强,当面临各种生活变动以及人际矛盾时，他们不能很好地调试，从而引发各种问题。

2. 人际关系欠佳

中学阶段是人际交往的高峰期，他们开始从依赖父母发展到广交朋友，同伴对他们的影响力开始急剧增加。但是，有些中学生不善于处理人际关系，他们常常因与同学不能友好相处、与教师关系紧张，而产生孤立感、无助感；有些中学生则不慎结交一些坏朋友，加入不良群体，染上不良行为；也有些中学生感到父母对自己不理解，因而反叛父母、甚至离家出走；还有些中学生对老师表现出一种戒备心理和逆反心理，认为老师评价不合理，与老师对立、起哄恶作剧。

3. 学习压力过大

学生的主要任务是学习文化知识，但有些学生在学习方面总觉得不如别人，常有一种自卑心理，于是厌学、不爱学习；有的中学生心理状态差、过分担心自己的学习与前途，常常会考试焦虑；有的中学生甚至是尖子生也感到升学压力太大，对自己的学习要求过高过严，心理承受不住而出现问题。

在学习上存在不良行为导致学习困难的"问题"学生，如果班主任老师能采取措施使其不良行为得以纠正，他们的学习状况有可能得到改善。可是有些教师虽对他们做了一些教育工作，但不能持之以恒；有些教师因顾及多数学生的教育与教学，不能在他们身上花更多精力，往往对他们训斥一顿了事；更有部分教师将他们丢弃一边不予理睬。这些做法，不但没有任何教育效果，反而加剧了学生不良行为的发展。

（二）家庭因素

家庭是学生成长的第一环境，对于学生性格的形成具有决定作用，部分学生之所以成为"问题"学生，与其家庭背景和成长经历有密切关系。2005年7—9月，北京四中网校和宁夏《华兴时报》对宁夏地区中学生家庭教育现状进行调研，发放问卷11000份，收回合格问卷9572份，调查发现家庭教育形势不容乐观，存在放任自流、简单粗暴、娇惯溺爱等不良家庭教育方式。

1."问题"家庭是"问题"学生产生的重要根源

凡是健康成长的学生都有一个和谐、幸福、美满的家庭，相反，问题家庭则是"问题"学生的诱因之一。绝大多数"问题"学生的家庭，都是因为父母对孩子监管不力、家庭的教育功能不足、父母忙于工作、亲子关系疏离等因素引起的，他们的家长较少参与、配合学校举办的教育活动。例如有的家庭内部存在暴力倾向、父母染有恶习或有违法犯罪行为，子女耳濡目染形成不良的行为习惯；还有的父母离异前处于"纷争"混乱的状态，都会给子女的身心发展带来很大的伤害；也有的父母离异后重组新家庭，孩子的心理不能接受，对继父或继母产生敌意，多数情况下教育也是失败的。大量事例表明，在破裂家庭和家庭气氛紧张的环境下成长的学生，极易产生偏激、玩世不恭、性格扭曲等不良心理和行为。

2.家庭经济条件对学生心理和性格的形成也有很大影响

目前，中学生中独生子女居多，众星捧月、娇生惯养，他们所需要的物质条件，家长总是尽量满足，使他们养成了自私自利、目中无人、以自我为中心的不良个性和行为。而家庭经济困难的学生，往往也存在攀比现象，在吃穿用等方面的困窘会使他们的虚荣心和自尊心受到伤害，久而久之就形成自卑、嫉妒、愤世嫉俗等不良心理，容易出现一些相关问题。

3. 父母的教养方式不当

父母的管教方式不当，或简单粗暴，或溺爱过分，或放任自流，都会对孩子的成长造成不利的影响。比如有的父母对孩子放任不管，任其"自由"发展，结果导致子女行为失控，逃学、学业退步等，最后成为"问题"学生；有的父母因忙于生意，一年半载不回家，把子女寄养在教师或亲戚家，成为"留守儿童"，因管教不严而出现问题；还有的父母经常打骂孩子，使得处在青春期的中学生容易形成叛逆、暴力、网络成瘾等问题。

（三）学校因素

我国应试教育由来已久且根深蒂固，其弊端非常明显，破坏了教育生态。中学生当中出现的"问题"学生，正是应试教育重知识灌输、轻德育培养弊端的显现，同时也反映了当前学校学生工作的缺失和不足。

1. 教育体制问题

虽然素质教育已经强调了很多年，要求学生德智体美全面发展，但就其效果来看，还远远不够。事实上，中小学基础教育与提倡的素质教育相距甚远，道德教育十分薄弱，考试成绩仍然是评价学生优劣的重要标准，学生的生活能力、道德品质、心理素质处于极不被重视的境地。比如尖子生往往是各个学校、老师教育培养的重要目标，是关注的焦点。这不仅对其他学生是一种伤害，对尖子生本身而言也是弊大于利；各种赞扬和关注强化了他们的虚荣心和自我意识，形成了一种潜在的心理缺陷，当环境发生改变时，种种不适便显露出来。

另一方面，长期的应试教育使我国形成了重知识传授、轻心理发展的教育模式，忽略了对学生心理素质的培养，使学生心理问题得不到及时疏导，致使很多中学生的各种心理问题越积越多，巨大的心理压力容易使学生出现诸多的情绪、行为问题,如考试焦虑、厌学等。

2. 管理模式问题

学校教育管理模式也是"问题"学生产生的诱因之一。我国的基础教育自幼儿园开始到高中毕业都是一种"保姆式"、"监管式"的管理模式,学生的一切已经有人替他们安排好了,很多学生出现了不会生活、不会交往甚至不会学习的尴尬窘况。这样的学生不知道该如何安排自己的时间和生活,由此引发不少问题行为,如网络成瘾、人际冲突、形成不良小团体等。

3. 教育者问题

学生厌学、早恋、叛逆等等,问题虽然出在学生身上,但不能把问题的原因完全归罪于学生,也应该从老师、管理者身上查原因,他们具有不可推卸的责任。长期以来,教育管理实际中,总是力求通过各种教条、僵化的规章制度来"管住"学生,视管理为控制,忽视学生的主体地位和实际需要,同时也忽视了早期的预防和事后的补救措施。

目前也有一些教师职业道德和业务素质偏低,只教书不育人,学生在成长中出现问题时,缺乏应有的责任心和耐心。有的班主任对暂时后进的学生挖苦、讥讽、责骂,甚至体罚和变相体罚,致使这些学生对学习失去了兴趣,丧失了自信心,产生厌学情绪;有的班主任虽然对学生抱有热情,但是教育方法不当,缺乏有效的教育策略和技巧,总是"恨铁不成钢";有的班主任对学生不能一视同仁,缺乏民主,致使一些学生成为被遗忘的人。此外,少数教师素质低下、缺乏有效的育人技巧也是形成"问题"学生的原因之一。

(四)社会因素

不可否认,社会上一些消极的东西正在不断地侵蚀和影响着学校教育的纯洁性。在当今的信息时代，一些消极的、负面的影响正以前所未有的速度和强度侵蚀着中学生的道德，腐化着中学生的观念；尤其是那些病态的、腐朽的生活方式和文化观念，无孔不入，误导着青少年学生。面对形形色色的拜金主义、享乐主义、自由主义等不良倾向的诱惑，处于发展中的学生无所适从。受西方个人主义价值观和及时享乐生活方式的冲击以及受社会大环境的影响，致使部分学生产生种种不良思想和行为。在他们心中没有了英雄、没有了伟大、没有了崇高，也没有了责任和任何精神追求。而通过各种途径向学生灌输的道德观念、行为规范等在种种不良社会风气的影响下显得苍白无力、收效甚微。

随着改革开放的逐步深入，经济发展日益迅速，人们的价值观念发生了急剧的变化，不可避免地引起了许多家庭的变革，单亲家庭越来越多，父母常年在外的家庭越来越多；加之计划生育不断普及，以及人们生育观的变化，独生子女家庭不断增加，对孩子娇生惯养的家庭也越来越多。这一系列的变化，都导致了学校里"问题"学生越来越多。"问题"学生所处的周围环境往往不理想，有的"问题"学生感到生活枯燥乏味、缺乏情趣；有的"问题"学生家庭住房简陋、经济困难；有的"问题"学生认为教学环境差，他们往往由于对社会、家庭、学校的环境极度不适应而引发心理失调。

再者，社会、学校为青少年学生提供的活动场所和设施有限，尤其在假期，他们无处可去，无所事事，感到生活单调、枯燥无味，因而成为溜冰场、网吧、录像厅等不适宜未成年人去的场所的常客，久而久之便成为了"问题"学生。

第二章　"问题"学生教育的原则与方法

　　要知道，我不是一个教书匠，我是受社会所信托的人。社会把培养、教育新人——未来一代人的事业托付给了我。这是我的最崇高的事业，是我的头等大事，是我的职业义务。这是我的使命。

——阿莫纳什维利

第一节　"问题"学生教育的意义

　　现代社会，"问题"学生发生率较高，尤其是中学生身心发展迅速，面对着很多身心发展的不平衡，更容易出现问题。班主任往往要把一半甚至更多的精力花在他们身上，有时也收效甚微，他们成了教师的"心病"。这是一些需要进行个别教育和特殊指导的学生。对于一般的学生，常用的管理方式如表扬、批评、关爱、评比等，就能奏效，而对于"问题"学生，这些办法往往没有效果。教育"问题"学生，需要更专门的知识和技能，需要会诊断，会治疗。可是，多数教师缺乏这方面的知识和能力，于是他们往往碰钉子，甚至束手无策。如何对待这些学生的问题行为，这已经成为中学班主任教育教学中面临的现实问题，因为"问题"学生的教育对于学生的健康成长、学校良好学习环境的营造以及班主任的专业发展均具有重要意义。

一、有助于学生身心健康发展和全面发展

作为班主任，在学生的成长过程中，不仅要关注学生的学习状况，更应该关注学生的身心健康，促进他们的全面发展。"问题"学生往往是由于在成长的过程中出现了一些偏差，对于他们的教育意在纠偏补弊，使得"问题"学生回归身心健康、全面发展的正常轨道。因此，"问题"学生的教育过程，实质上就是一个为"问题"学生提供健康、全面教育服务与综合服务的过程，这个过程需要家庭教育、学校教育、社会教育同在，使一切孩子的发展与孩子的一切发展同在。

"问题"学生的教育的顺利开展需要广大班主任以及广大教师群体必须关爱那些暂时偏离轨道的学生个体，关注学生家庭成长环境、身心健康状况、同伴关系以及兴趣、爱好、需要、性格、能力等内在心理要素，要用发展的眼光看待每一位学生，相信学生有极大的积极成长潜能。因为转化一个孩子，就使这个孩子的眼前多一份光明的未来，心里多一份走向成功的动力，自身多一份健康成长的快乐。在这个意义上，"问题"学生的教育意义不仅见于当下，而且指向全面发展、终身发展。

二、有助于营造良好学校学习环境和心理环境

班级作为一个生态系统，其内部各个因子之间、各因子与整体系统之间存在着千丝万缕的联系。"问题"学生中不少学生属于攻击型性格。他们常常误认为别人轻视自己或对自己充满敌意，感到自己在同学中很孤

立,而这个孤立的充满愤怒的学生对不公不义的事格外敏感,常认为自己是不公平待遇的牺牲品。"问题"学生的存在,也在一定程度上对班级乃至学校学习环境和心理环境构成消极的影响。

因此,"问题"学生教育可以牵一发动全身,班主任对"问题"学生的教育转化工作既要从细处入手,做好"问题"学生自身的教育转化工作,又需要从大局着眼,从整体上改善班级和学校的学习环境和心理环境。因此,作为班主任需要抓班风建设,建立良好的师生关系、同伴关系,以熏陶和暗示的方式间接地促进"问题"学生的发展。班主任和各科教师要努力营造一个愉快、友善的集体氛围和环境,发动其他同学一起做好"问题"学生的转化工作,教育其他同学在思想上不要歧视他们,在学习上帮助他们,在生活上关爱他们,在班级开展的各项活动中照顾他们,使他们时刻感受到集体的温暖,走出孤独,从而不断改掉身上的缺点。

三、有助于班主任的专业化发展和专业成长

班主任的工作是一项具备很强专业性和技术性的工作,"问题"学生的教育是班主任工作的重要内容,有助于班主任的专业发展和专业成长。从事这项工作,需要教师具备良好的专业情感,能够时时刻刻为学生的发展贡献自己的爱心,需要教师具备扎实的学科理论知识和教育理论知识,尤其要具备相关的心理学、教育学、社会学知识,从而使得教师具有灵活应对、驾轻就熟的实践能力,能够在具体的教育情境中运用教育机制。此外,"问题"学生的转化还需要具备一定的技能和技巧,这就需要教师具备良好的教育科研素质,能够在研究中重新认识学生的问题,深层探究原因,找到更好的解决方法。这是一个富有挑战和乐趣的反思性实践过程。

然而，当前一些教师并不具备这些素质，教育方法刻板单一，轻易地给"问题"学生贴标签，将责任推向家长和社会或者学生本人，这都是教师专业化水平过低导致的。"问题"学生的教育过程也正是教师谋求自身专业发展水平不断提高的过程，"问题"学生的转化工作的实践状态，为教师的自我实现和自身发展提供了积极的推动力。

此外，"问题"学生的转化还有助于化解教师危机，有助于整合家庭、学校与社会各方面的教育力量；营造更为广阔的生态化环境。

第二节　"问题"学生教育中的误区

一、重"管"轻"教"

你会发现，许多班主任遇到问题没有教育学生的愿望，他们感兴趣的只有一件事，就是"管"。你是什么样的学生我不问，你的心情我不问，你的感受我不想知道，反正你没有达到我的要求就不行，我就要用我熟悉的一套办法，软硬兼施，使你就范。这叫作"管理压倒教育"或者"管理替代教育"。按这种思路，教育永远不会走向科学，只能停留在最一般化的管理阶段，而且会越来越行不通。

面对"问题"学生，很多班主任常用的方法是"三批一停"。"三批"：1. 在教室里批评，甚至发动学生对他们批斗；2. 带进办公室批评一顿，如果态度不好就进行武力镇压；3. 通知家长到学校，现在通讯发达，一个电话，家长立马到校，与家长一起批评。"一停"就是停课反省，站在办公室一站半天, 然后写检查写保证书。

这些方法到底有没有效果? 有时有效, 不过只是暂时的, 而且这些方法只能用一次, 多用全无效。因为这些方法治标不治本, 有的不能触及学生的心灵, 学生或许会一时服从于老师的威力或武力, 而承认错误; 有的触及了心灵, 但不能触及心灵的深处, 只是应付性地写些"应付"的话, 以求赶紧得到大赦, 至于犯错误的真正的背景及动机, 未必肯说。

二、宽严失度

"问题"学生大多有不良习惯, 并且是长期形成的, 要彻底改正非一朝一夕之功。有些班主任, 往往急于求成, 恨铁不成钢, 缺乏足够的耐心; 有些班主任对于"问题"学生采取忽视的态度, 只要不影响正常的教学就不理不睬; 有些班主任对于"问题"学生态度粗暴, 对于他们出现的问题不能冷静处理。因此, 班主任要尽量妥善处理"问题"学生所犯的错误, 从小事入手, 长期坚持, 切忌急于求成; 对他们的要求, 太宽不利于其坏习惯的矫正和纪律意识的形成, 太严也不利于转化工作。对"问题"学生偶然出现的失误, 应循循善诱, 不必严厉批评, 更不宜公开训斥或告知家长, 那样会使孩子丧失改正的信心, 产生破罐破摔的消极心理, 使转化工作前功尽弃。

三、任何问题都道德化

在许多班主任看来, 学生上课不听讲, 就是"不想学"; 不好好写作业, 就是"没有认识到学习的重要性"; 不守纪律, 就是"成心捣乱"; 早恋就是"思想复杂肮脏"; 成绩一下降, 就是因为"松劲"了。总之, 他们能把所有的问题都简单地、习惯性地归结为觉悟问题、道德问题、认识问题、是非问题，好像只要"认识"提高了，一切问题就都解决了。

实际上并不是这样，学生许多问题并不属于道德问题、认识问题、是非问题，而常常是心理问题或者能力问题。心理问题和能力问题靠一般的思想教育方式是解决不了的。所以，每当教师用自己的错误方式不能解决问题时他们就茫然不知所措了。他们只会埋怨学生不接受他们的教导，却不想想自己开的药方是否对症。

四、工作方法简单化、情绪化

有些班主任工作方法简单化，原因主要在于他们非常主观，非常自我中心；遇事不调查，不询问，不给学生说话的机会，我说是什么就是什么，我感觉你是怎么回事就是怎么回事。情绪上来了，连是非和前因后果都不分，只强调态度。学生提出不同意见就是不尊重老师，即使学生说的是事实，教师也不理。这种时候，教师不但失去了民主作风，而且完全失去了起码的科学态度，成了情绪型、不可理喻的人。用这种方式教育学生，或许一时可以把学生压下去，但是学生肯定不服，更不用提转化的效果了。

五、只会责备别人，不想反思自我

部分班主任在工作中埋怨成风。埋怨体制，埋怨领导，埋怨家长，埋怨学生。当然，很多埋怨都事出有因，而且有一定道理，但是教师往往只会埋怨他人，不反思自我。其实埋怨就顶多能起点缓解心理压力的作用，班主任本人的能力无法得到切实提高，工作还会继续碰钉子，于是更增加了埋怨的理由，形成恶性循环。

"问题"学生当然不是都能顺利教育好的，班主任必须先经过诊断，弄清他的"病情"的轻重，然后才能对症下药。没有这些基本的估计，凭着主观臆断根本不能解决问题。人没有实事求是的科学态度就不能"知彼",没有反思精神就无法"知己",既不知己,又不知彼,自然只能打败仗。而埋怨,也可以看成是对打败仗的推卸责任和自我辩解。

六、遇到问题便"请家长"

2010年媒体曾报道河南孟津县西霞院中学某"问题"女生,因为全班38个同学中有26人投票希望家长把她带回家,而选择自杀。一时间,在社会上引起轩然大波。

很多班主任都以为"请家长"是自己手里的一张王牌,束手无策的时候,就会想到家长,好像家长是救星。这种班主任也没想想:家长就一定比您高明吗?您没有办法,为什么家长就应该有办法?他们的素质一定比您高吗?他们的威信一定比您高吗?他们的办法一定比您多吗?事实上,"问题"学生之所以出现各种问题,十之八九是家庭教育严重失误造成的。想来家长一定用过多次"非常手段",要是管事,早就管事了,要是不管事,再用也还是不管事。大多数"问题"学生的家长对孩子已经失控,他根本管不了孩子,他还指望老师把他的孩子教育好呢。所以,如果班主任明知道请家长来没有用,就不要请。请来无非是告状,告状之后家长回家把孩子打一顿,这只能增加学生对教师的仇恨,增加以后工作的难度。不要希望问题生的家长能给教师多大帮助,更不要幻想教师解决不了的问题可以由家长解决。

但是并不是说可以不理家长。有些必须通知家长的事情,是要告诉他们的;需要他们配合的事情,是可以和他们商量的;指导他们少犯一些错误,对学校教育是很有利的。只是说,教育"问题"生,班主任老师必须把基点放在自己身上,对家长既不要埋怨,也不要抱不切实际的希望。

其实每个学生好比一把锁,关键得找到开这把锁的钥匙。要做好"问题"学生的工作,首先得摸清这些孩子的特点。苏霍姆林斯基说:"每个孩子在思想、观点、情感、感受、快乐、不安、悲伤、忧虑方面都有一个独特的世界",然后再施以相应的对策,会有比较好的效果。

第三节 "问题"学生教育的原则与方法

在每个班主任的工作中,都有或多或少的"问题"学生需要去了解、研究、转化,有多少类"问题"学生就应该有多少种方法,方法总比问题多,其实每类学生好比一把锁,关键得找到开这把锁的钥匙。这就需要班主任在对待"问题"学生的教育中讲究一定的原则和方法,以达到"成才先成人"的目的。

一、"问题"学生的教育原则

(一)无病假设原则

无病假设是"问题"学生教育的逻辑起点,也是重要的实践原则之一,其基本含义是:在"问题"学生教育和转化的过程中,教师应假设这个学生在个体心理方面是没有病的。因为,"问题"本身具有发展性、局部性和情景特殊性。许多问题行为其实只是正常发展过程中的偏离,这种偏离的出现也许预示着中学生的身心发展进入了一个崭新的阶段,这种偏离的矫正或解决,对于这些学生的健康发展具有积极促进作用。如:顶撞教师或家长就是中学阶段常见的发展问题,我们认为这是正常的偏离,如果非要认为是道德品质问题,要强行"纠正"、"管教",反而会引发更大的问题。

有这样一位中学生,曾经屡次打群架,喜欢跟女孩子纠缠在一起,受到家长、老师、校领导多次教育批评,均无效。有一次放假,他竟和社会上的小青年合伙卖赃车,被派出所逮住了。他的班主任配合派出所签字登记,然后对他说:"今天是你的耻辱,也是我的耻辱。不过让我们忘记它,今后咱们谁也不准提这事。我相信经过我们的共同努力,会用我们的辉煌来掩盖这个污点的,是吗?"他含着泪深深地点了点头说:"好!我一定做到!"果然,他以后再也没犯什么错,许多老师都不相信是真的。可见,班主任老师在看待"问题"学生时不能随便地"贴标签",而要用宽容的心态来接纳每一位学生。

魏书生说过:"用学生身上的光,照亮学生的路是最节省的能源。"我们要相信"每一个学生都有其独特的魅力"。张扬其个性,亮出其闪光点,欣赏其独特性,尽可能加以赞扬褒奖,引导、激励他们去争取更大的进步,以满足他们追求自尊和自我实现的心理需要。发现了学生的长处,找到了学生的进步,学生就有了成功的体验和快感,往往也就找到了他们的转折点。正如卢梭所说:"赞扬学生极微小的进步,要比嘲笑其显著的恶迹高明。"

(二)以"爱"代"管"原则

陶行知先生提出的"爱生如子"正是要求老师无私奉献爱心。老师的爱,尤其是班主任的爱,是照亮学生心灵窗户的盏盏烛光。"爱"是转化"问题"学生的重要武器。当前服软不服硬的中学生比较多,采用压服或者其他强硬手段极可能适得其反。缺亲情、友情,被轻视、忽略,是"问题"学生出现性格和行为习惯问题的重要因素。他们中父母离异、家庭残缺者不乏其人,偏激的心理和自卑感交织在一起,一方面渴求被爱,另一方面又自我封闭;一方面自我膨胀,另一方面又自惭形秽。在这种种因素制约之下,如果教育者置之不理或者体察不到,在这种失望和失落情绪笼罩下,迫使他们走进虚拟世界、走进不良群体,最终用谈恋爱、小偷小摸、打架等方式麻醉自己、逃避现实。

面对这一切,班主任老师在一定程度上要担负起父母、朋友等角色,用真诚走进他们的生活,要与他们坦诚相见、以心换心。诚心是学生检验班主任的试金石;是师生之间感情鸿沟缩小的法宝。只有让学生感受到了班主任的爱心之"诚",才能达到师生心灵的沟通和情感的共鸣,才能充分发挥班主任自身的"为人师表"。要以诚心赢得学生的信任,并用发自内心的真情实感去打动学生、感染学生、教育学生,使学生做到"亲其师,信其道"。

人是复杂的,转变人的工作更是复杂的。但我们只要有一个信念:孩子毕竟是孩子,他们是可塑的,"精诚所至,金石为开"。魏书生老师也说过:"不管多调皮的学生,他往你跟前一站,当班主任的就得学会钻到学生心里去,钻到他心灵世界中去,去真正爱他,尊重他,理解他。"当我们在责怪孩子屡教不改、叛逆成性时,我们做老师的也该反省反省自己的行为。我们若能做到"真诚"和"爱",而不是居高临下,甚或敷衍了事,那么,班主任的工作就是有效的。

(三)宽严有度原则

俗话说得好,"严师出高徒"、"严是爱松是害",古人云"教不严,师之惰"。可见学生的成长,离不开老师的严格要求,就班主任来说,更加责

27

无旁贷。对学生的爱要在心中，在行动中则表现为"严"。学生犹如一棵棵正在成长的小树，既需要阳光雨露的滋润，又需要施肥剪枝除虫，所以要严格管理，要按照中学生行为规范来约束管理他们，培养他们遵守行为规范的好习惯。对学生在思想、行为规范方面要求要严。

但是，在处理某些具体问题时又要宽以待人，即使对于那些犯了较严重错误的"问题"学生也要处理慎重，不能"一棍子打死"，不能动辄定为"品质"问题，因为这样很可能会挫伤学生的自尊心，给他们的心灵上蒙上阴影，很可能给他们带来终生的遗憾，所以"严"是要有限度的。

"问题"学生在情感上容易受伤害，容易为小事而难过愤怒，其习惯性的反应是攻击，老师要用自己无微不至的关爱去校正他们，让他们学着换位思考，教他们学习如何控制愤怒。只有学生真正感到老师确实是在关心自己、爱护自己，他们才会有改变旧我的内在要求。老师的忽视和无原则的严惩重罚，必将导致师生对立，再好的方法也会失效。

"恩威并重"、"软硬兼施"的手法有时是教育学生的灵丹妙药。根据学生的生理和心理特征进行教育，往往以刚制柔，以柔克刚，注意刚柔相济。对女同学用刚，则有震撼力；对男同学用柔，则化解顽石。过度的严厉则会造成恐惧，过分的温和会失去威严。不要严酷得使人憎恶，也不要柔和得让人胆大妄为。含蓄的批评有时比那种"闪电雷鸣"式的训斥效果更好。班主任要做到严中有爱，爱中有严，二者结合，可产生学生学习的内在动力，对老师的感激之情上升为友谊之情、蓬勃向上之情。

(四) 循序渐进原则

"江山易改，本性难移"，"问题"学生的养成并非一两天的事情，是长期养成的习惯，是长期各种因素影响的结果，长期养成的坏习惯想叫他们在很短的时间内改掉，那是不可能的。所以对他们的引导也并非能够立竿见影，这需要班主任在注意方法的同时，能够付出更多和长期的耐心、爱心和关心，只有这样，"问题"学生才能慢慢走上正轨。

只要他们知道错了，班主任老师就别对他们失望，更别说一些使他们或绝望、或逆反对抗的话，否则会前功尽弃。要始终相信他们总有一天会领悟老师的用心，成为受人尊重和喜欢的人。同时对他们提出可以达到的目标，可以要求他们一周之内帮助别人几次，为班集体服务几回，使他们渐渐懂得给予别人比损害别人更快乐。

班主任还可以经常不定期地找他们谈话，谈话的地点尽量不要设在办公室，可以在教室里、操场上……总之，不要让他们有老师在教训他们的感觉。班主任要了解他们的生活状况和学习情况，对他们生活中的困难、学习上的障碍给予及时的帮助和真诚的指点，鼓起他们的生活热情和学习信心，教给他们为人处事的方法原则。徐某的父母常年在外做生意，很少过问他的学习和思想，只是定期给他不菲的生活费，长期以来使他养成了孤僻倔强、我行我素的性格，和别人常常三句话不到，就要打架，或跟老师顶牛。班主任通过定期跟他谈两次话，有时在操场上，有时在教室门口，有时在教室内，坚持了一年，使他终于成了一个举止文明、有忍耐力、开朗随和的孩子。可见，对于一些"问题"学生只要班主任有足够的爱心、耐心、诚心，一定可以慢慢转变的。

（五）因材施教原则

每个"问题"学生都有独特的行为特质及心理特征；每个"问题"学生的背后都有特殊的形成原因与发展机制。因此，对于不同"问题"学生的教育要认识到其差异性，注意因材施教，运用适合的教育方法对其进

行个别教育。

（六）助人自助原则

该原则有两重含义：一是"问题"学生的转化首先必须借助一定的外力；二是"问题"学生的转化最终必须依靠"问题"学生自己。班主任除了要关爱和帮助"问题"学生外，还要协助"问题"学生自己帮助自己求得问题转化。

总之，"冰冻三尺非一日之寒"，转化"问题"学生贵在坚持，不能一蹴而就，一曝十寒，要尽可能循序渐进，由浅入深，耐心疏导，老师要有"衣带渐宽终不悔，为伊消得人憔悴"的精神，确定教育意图，选择恰当的角度和时间，精心挑选时机，以各种方式来教育好"问题"学生，实现教育目标。

二、"问题"学生的教育方法

"问题"学生一般在人生观、是非观、理想、自信等方面不同程度地存在模糊认识。老师要利用各种方式，让"问题"学生感受到正确的世界观、人生观、价值观对于学习生活的指导意义，以帮助他们树立信心。班主任老师要尽可能地站在学生、特别是"问题"学生的立场上，感受他们的处境，体会他们的心情，理解他们的态度，分析他们如此表现的原因，预测他们在某些状态下的心理反应和行为方式，以人心换人心，告诫他们以后不能犯同样的错误，从而提供切实、有效的指导。这样处理既尊重了他们的人格，赢得了他们的信任，又能避免事态的恶化和师生之间的对立，达到教育的效果。

（一）正面典型榜样法

教师要善于从中学生各种典型案例中找素材，对学生进行理想、信念、就业等思想教育,唤起学生的生存忧患意识、对他人负责的意识。首先,通过展示典型人物或事件的教育价值或成长教训,从而实现对"问题"学生正面引导的一种方法;其次,要在"问题"学生身边寻找各种正面典型,树立不同层次的榜样,这样使学生感到典型的可亲、可信、可学,让学生在平等的空间里见贤思齐,从而找到改善自身行为的方向;最后,可以从媒体、校园生活大环境中寻找典型,对学生进行榜样教育,使学生从典型中找到自己的不足之处,从而消除和改变自身不良行为习惯。

(二)反面典型教化法

要加强对学生进行反面典型警示教育,让学生认识各种不良行为习惯的危害,让学生从反面典型中既能找到自己的影子,又能找到努力的方向,让学生在心灵的震撼中幡然醒悟。通过对性质、情节或结构上与"问题"学生的问题相近、相仿或相反的案例分析或评价,对"问题"学生实施诱导的一种方法。案例主要来源有:各种媒体资料;教师总结自身工作经验从而形成的书面案例;古今中外各种教育故事。

(三)具体事例指导法

针对"问题"学生存在的问题,尤其是在日常学习和生活中暴露出来的问题,旗帜鲜明地表明老师的立场,指明学生努力的方向。学生大多知道自己不良嗜好的消极影响,但或苦于自救方法缺乏、或抱着及时行乐、或抱着侥幸心理而得过且过,最终难以自拔。教师要针对每个"问题"学生建立教育指导档案,持之以恒地给予帮助转化。

结合"问题"学生成长过程中发生的具体事例,通过对事例的起因、情景、情节、后果、性质进行具体的分析和评价,达成对个中问题的科学归因,进而指导"问题"学生找到科学的解决策略的一种方法。注意:事例应是客观存在的；事例最好是新近发生的；对事例的关注要全面具体，分析要到位，归因要科学，评价要稳妥精当；教师要表明立场，指明努力方向，并在平等对话的基础上，提出问题解决策略。

（四）角色扮演法

通过创设模拟情景或表演情景，让学生亲自扮演或模仿一些角色，重现"问题"发生的部分场景、情节及后果，从而真实地表露自己或角色的人格、情感、人际关系、内心冲突等心理问题，充分地体验这些"问题"给自己、他人乃至群体环境所带来的不良影响。

（五）暗示法

暗示是在无对抗条件下，行为主体借助语言、手势、面部表情动作或其他信号和暗号，含蓄、间接地向对方表达自己的理解或期待，以对其心理及行为产生影响的一种教育方式。

（六）同伴帮助法

学生同伴群体一般是由地位大体相同的人组成的，同等群体的成员一般在家庭背景、年龄、个性特点、兴趣爱好、是非观等方面比较接近，他们时常在一起，彼此间有很大影响，甚至可能超过父母和家长的影响。班主任要善于找准契机，从群体的某个点入手，逐步施加影响，调控其集体舆论，推动健康发展。此外，还可以从学习、品德、个人兴趣特长三方面实行"一帮一"，由学生代表和"问题"学生建立"一帮一"活动链，帮助"问题"学生对班集体产生归依感和主人翁感。

俗话说，千个师傅万个法，只要我们在实际工作中，根据具体情况，灵活使用恰当的方法，"问题"学生是能够教好的。

第三章 班主任与"问题"学生的教育

教育是最伟大的事业，人的命运决定于教育；教育者多么伟大，多么重要，多么神圣，因为人的一生幸福操在他的手中。

——别林斯基

第一节 "问题"学生教育在班主任工作中的地位

学校是集中培养人才的地方。自15世纪捷克教育家夸美纽斯创立班级授课制度以来，班级一直是学校对学生进行教学与教导工作的基层组织，它全面实施对学生的德、智、体、美、劳教育。班主任正是这个基层组织的直接组织者和领导者，起着核心的作用。因而班主任是学校对班级实行教导工作的骨干，是学校领导的得力助手，是联系本班任课教师的纽带，是协调学校各种教育力量的枢纽。

如果说一个好校长是一所好学校，那么一个好班主任就是一个好的班级。班主任的人品、学识、管理能力，都能从所管班级的精神风貌、学生的行为习惯中反映出来。从学生身上，能够看到教师特别是班主任的影子。从学校看，教育教学工作千头万绪，最终要由班主任组织落实，每个班级积极地、严格地、创造性地完成任务，学校整体就能发展。从社会视角来看，家长（包括社会各界）眼中、心中、口中的学校，实际上说的是学生所在的班级。因为班级代表着学校的形象，关系着学校的荣辱。所以，每个班主任都应要求自己高起点的工作，对工作目标要有高标准，力求把班级建成最优秀的群体。要做就做到最好，做到尽职尽责，追求尽善尽美。

一、"问题"学生教育是班主任工作的重要内容

班主任是班级工作的重要组织者、领导者，是学校与家长沟通的渠道，是社会看学校的窗口。班主任要担当好教师、思想者、管理者、服务者四种角色。在班主任的岗位上，体现自己的教育理念、学术水准、人格魅力和管理技巧，班主任的工作要能够让同行肯定、学生佩服、家长满意。

"问题"学生逐渐成为一种普遍现象，作为班主任，需要用动态的、发展的眼光来看待"问题"学生，明确"问题"学生的可教育性。"问题"学生的教育与班主任工作关系密切，在班主任工作中占有十分重要的地位。

首先，关注"问题"学生是班主任先进教育理念的体现。在以班级授课制为主要教学组织形式的今天，我们的许多工作都是以班级为单位来开展的，班级是一个基本单位，班主任则可以说是这个基本单位的核心人物、领军人物。班主任的一言一行都鲜明体现了其教育理念。对班级"问题"学生一视同仁，说明了班主任坚持素质教育和教育公平的理念，真正做到了"一切面向学生，面向一切学生，面向学生一切"。

其次，把"问题"学生教育作为工作的重要任务，有利于班集体建设和促进学生的健康和谐发展。近年来"问题"学生逐渐成为许多学校一个普遍存在的问题，虽然每个班级"问题"学生人数总量很少，但其能量不小，影响恶劣，危害性大。于是有人把"问题"学生说成是"害群之马"，而且很多班级往往就是因为这么几个学生而"形象不佳"。班主任作为班级管理工作的直接管理者和第一责任人，是搞好班级建设的关键和核心，因此对"问题"学生进行教育是班主任抓好班级建设的根本所在。过去，有的班主任认为，那么几个"问题"学生可以忽略不予理睬，更有甚者将其逐出校门。因此我们经常听到媒体报道一些有关学校教育的负面新闻。其实绝大多数"问题"学生的本质并不坏，只是在自身的发展过程中在某方面出现了问题，只要教师加以正确引导，完全有可能使他们走上正轨。

"没有教不好的学生，只有教不好的老师"，这虽然有教师万能主义的倾向，但是却道出了教师的重要意义。班主任作为在学校教育工作中与学生关系最亲密的人，其一言一行对学生的健康成长与和谐发展有重要影响，由于与学生的关系特殊，学生在心理上也会认为班主任是对自己进行全面教育的人。由此可见，对"问题"学生教育应成为也必然是班主任工作的重要内容。

二、"问题"学生教育可以促进班主任的专业成长

班主任在转变"问题"学生的过程中，其自身也发生了变化，班主任自身的业务能力和业务素质也得到了成长和提高。

目前人们对班主任成长过程的研究甚少，许多都是谈班主任的素质和工作艺术，其实任何事物都有其成长发展的过程，班主任的成长也不例外。一位教师在其博客里面写到班主任的成长分为三种境界，分别是"恨铁不成钢"、"悲天悯人"、"上善若水"。[1] 所谓"恨铁不成钢"，是指初当班主任的老师们都有一个心愿，希望每一个学生都能在自己的教育

---

[1] 苗庆峰 如何应对问题学生与学生问题 华文出版社 2010.10

下变好。但实际情况并不如此，于是又是批评又是叫家长，用尽各种办法忙得不亦乐乎，结果却差强人意。"悲天悯人"，则是指班主任已经知道怎么去诱导自己的学生，让他们朝着正确的方向走，但最容易犯的毛病就是悲天悯人，老是给孩子们讲他们父母的辛苦和劳累，无形中给孩子增加了沉重的精神负担。"上善若水"，则是最高层次，指能够因人而异、因事而异，真正做到"润物细无声"。三种境界的划分十分形象贴切，得到许多同人的赞同。对照上面所说的三种境界，我们发现大部分老师都是停留在第二个层次，也就是"悲天悯人"，当然"恨铁不成钢"者也不在少数，而达到"上善若水"之境界者甚少。我们所熟知的魏书生老师或许可以说达到了第三种境界，而第三种境界应该是班主任老师所追求的一种理想目标。由第一种境界达到第三种境界需要一个很长的过程，而"问题"学生教育则可以说是促成这个过程的磨刀石。

"问题"学生的问题主要集中在学习问题、心理问题、行为问题等方面，极少数存在品德问题，乍看起来似乎很简单，其实本身是错综复杂的。"问题"学生教育是一件复杂的事情。从源头上来说，"问题"学生产生问题的原因就很多，虽然大体上我们从社会、学校和自身这三个方面来探讨，但单单就社会这一个层面，我们又可以列举出几十种原因。所以可以这么说，如果一位班主任具有处理好"问题"学生教育的能力，那么其自身也可以说具备了处理多种复杂问题的能力，管理好一个班级也就轻而易举。

"问题"学生身上问题的多样性、复杂性、发展性，需要班主任具备多样的能力，需要不断地磨砺自己，不要碰见问题生犯错误就要他们请家长，就对他们苦口婆心地讲他们父母的辛劳，这固然没有错，但这样往往收效甚微。班主任应该不单单是恨铁不成钢，而应该思考如何把铁冶炼成钢，这才是班主任能力的真正体现。当班主任能够把任何"生铁"想方设法冶炼成钢时，说明班主任老师已经达到了第三种境界，是一位十分成熟的班主任。

三、"问题"学生教育是班主任工作艺术的集中体现

艺术是人们掌握世界的一种方式，通过塑造具体的形象来表现生活、反映生活，艺术具有认识、教育作用，最主要的是审美的作用。我们都知道好的艺术品可以净化人的心灵，陶冶人的情操，虽然班主任工作算不上纯粹的艺术，但是管理班级、进行"问题"学生教育是一种创造性的劳动。在这个过程中，体现了教师的教育智慧，师生之间实现了沟通，是一门交往艺术。列夫·托尔斯泰说过，教师"在自己心里唤起自身感受过的一种情感，然后运用动作、线条、颜色或语言表达的形式，把那种情感传达出去，以便旁人也可以感受到那种情感——这就是艺术的活动"。班主任工作艺术最集中的体现就是这种感情传达的艺术活动。相信我们看过的有关班主任工作艺术的书籍以及相关的文章一定不在少数。概括起来，我们发现人们探讨运用更多的是谈话艺术、表扬艺术、批评艺术等，这些都是语言艺术和交往艺术。在实际工作中，班主任老师有时还需要运用一些非语言艺术，如关爱的眼神、以身作则的姿态。

把"问题"学生教育说成是班主任工作艺术的集中体现，主要还是由于"问题"学生本身的复杂性所致。之所以把一些学生称作"问题"学生，是因为他们的问题已经表现出来且影响了他们自身的发展，这些问题需要别人帮助才能得以最终解决。解决问题的方法有多种，讲究艺术的方法往往更有效果。

以上我们从三个方面认识了"问题"学生教育在班主任工作中的重要地位，在国家要求班主任先培训后上岗，大力提倡提高班主任素质的今天，班主任更应明确自己工作的重要任务，在实践工作中去不断地发展自己，而"问题"学生教育应该是这样一块促进师生共同发展的磨刀石。

第二节　班主任如何看待"问题"学生

当前，部分班主任对于"问题"学生存在着一定的偏见，不能以正确的态度来处理问题，因此，在转化"问题"学生之前，我们要用客观公正的心态来看待他们，这就需要班主任具备良好的专业素质和心理素质。

一、班主任看待"问题"学生需要克服的不良心理

1. 厌弃心理

"问题"学生的行为习惯很差，班主任的教导工作不可能立竿见影，需要花费很多的时间和精力，所以有些老师就会把这些学生当成包袱，甚至希望他们早点被学校开除。其实这种想法是错误的，因为学校的生命在于学生，没有学生就不存在学校，所以不能轻易放弃一个学生。并且每个学生的情况是不一样的，针对每个学生的引导方式和方法都可能不一样，所以要求每位老师认真研究每个学生的性格特点，才能找到引导他们的方法。

2. 定型心理

班主任经常会对"问题"学生有这样的想法：反正也就这样了。因此，

在班主任的实际工作中，总是关注着"优等生"，对于"优等生"每个小小的进步退步都能及时关注到，殊不知，其实"问题"学生才应该是班主任关注的焦点，几个"问题"学生的行为可能影响整个班级其他同学的行为，并且学生正处在人生观和世界观的形成阶段，他们的可塑性很强，所以，我们要关注他们的每一个闪光点，每一个细小的进步，要善于发现"问题"学生的优点，用积极的思想影响他们，引导他们积极上进，在表扬他们优点的同时提出改正一些缺点的要求，使他们树立"我也很优秀"的观念，增强他们的自信心。

3. 急躁心理

对于"优等生"，很多事情，只要班主任一指点，他们就会立即起色，进步较明显，但对于"问题"学生则不然，对于某个问题，尽管班主任可能早就指出并已经反复强调，但他们仍我行我素，不断地犯同样的错误。对于这样的学生，当老师得知他们犯同样错误的时候，更应该保持冷静和理智的态度，否则，老师会失去耐心，揭老底、算总账，全盘否定他们的进步，使学生和老师完全处于对立的状态，以致前功尽弃。"冰冻三尺非一日之寒"，对于"问题"学生的转换也需要一个长期的过程，老师要做好这样的思想准备工作。

4. 偏见心理

当班主任发现班级里一些不良现象时，首先想到的是那几个"问题"学生所为。班主任对"问题"学生出现认识上的片面性，在工作中会出现偏激的行为，不给"问题"学生进取的机会和承认、改正的机会，并且会伤害他们的自尊心，使得老师和他们的距离更远，更不容易接受教育。

二、班主任面对"问题"学生的积极态度

1. 遇到问题，先稳住事态

"问题"学生是善于制造问题的人，他们特别容易招老师反感，惹老师发火。他们一向不是"省油的灯"，老师本来就对他们没什么好印象。他们惹是生非，教师就特别容易急躁、失控。经验告诉我们，对待"问题"学生，只要教师一急躁，就容易把事情弄僵，陷入被动。人在激动的时候，很难理智地思考问题。问题生也多是不善于控制自己感情的，他们冲动起来，可以忘乎所以，老师若跟他们对着干，不但没有效果，而且有失身份。一般说来，问题生发生的问题，大都不适合"热"处理，要先放一放，等大家都冷静下来，再处理不迟。"问题"学生往往是咄咄逼人的，所以教师一定要学会一些体面地下台阶的招数，以便随时"撤出战斗"，然后再教育他们。只有应变能力很强、威信很高的教师，才可以考虑对问题生采用"强攻"和"速战速决"的办法。

2. 不急于做是非判断和道德归因

很多班主任遇到"问题"学生出问题的时候，总是急于告诉他们："你这样做是错误的，是不应该的。"这叫作是非判断，道德归因。经验告诉我们，这类"教育"基本等于废话，做无用功。请问哪一个问题生不知道上课不听讲、回家不写作业、迟到旷课、打架骂人、偷东西、迷恋网吧这些行为是错误的?全都知道。他们基本上是明知故犯。为什么明知故犯呢?这才是我们要研究和解决的问题。如果教师以为问题生之所以犯错误是因为他们没有认识到这是错误的，一旦认识到了就会改正，那他的基本思路就错了。这种思路会阻碍他做研究和诊断，而把精力都用在无用的说教方面。解决问题生的问题，当然总要分个是非，但是不可以从分清是

非入手。正确的方法应该是：他犯了错误，我先不说他对错，而研究他为什么会犯这个错误，是什么力量推动他非这样做不可。搞清他的思路，才有可能下次再适当地入手阻断他的错误思路，避免他重犯错误。这才是诊断和治疗。做是非判断是很容易的，一般不需要专业能力。谁不知道打架、骂人不对，教师要证明自己是一个真正的专业人员，就应该少在判断是非上唠唠叨叨，而应该在诊疗上下功夫。

3. 不要带着"审问"的口气

问题生闯祸的时候，常常顶撞询问或干预的老师，态度很没礼貌，有时近于蛮横。班主任出于自尊或者碍于面子，就可能怒火万丈，不顾一切地要压倒问题生的气焰，打掉他的恶劣态度。这种心情是完全可以理解的，但是弄不好会转移教师的注意力，从此教师就不可能冷静地调查问题和分析问题了，教师的身份就会蜕变成学生的吵架对手。不得已，只好由第三方（政教处或校长）出面解决。

学生必须尊重老师，这是没有问题的，这是一种社会规范。学生如果对老师无理，必须道歉，但是此事不必着急。这时，不能要求学生在气头上立刻道歉，这违反人之常情，通常人们道歉都是冷静下来之后的事情。还有一个问题是，教师也是人，他在气头上也会说过头话，做过头事，这时候你强迫学生向教师道歉，学生会说："那他还骂我了呢，他为什么不道歉？"这就不好办了。学校领导如果非要强迫学生当时低头，就有偏袒教师之嫌。

所以，"问题"学生出了问题，即使他态度不好，作为班主任也要先调查事实。你会发现，当你平静地向他询问事实经过的时候，他的恶劣态度就会很快降温，当然，如果班主任不用"审问"的口气，而用"询问"的口

气,事实澄清了,是非分清了,学生只好承认错误。经验告诉我们,他承认错误之后,顺水推舟再让他向老师道歉,就很容易了;学生正在气头上你让他道歉,则如逆水行舟。学生道歉之后,如果老师确有不当言行,侮辱了学生人格,也要向学生道歉。在这一点上,大家是平等的。

4. 不要带着反感和厌恶去处理问题

问题生出了问题,班主任的第一反应太重要了,正是这第一反应决定了他们后来行动的方向。比如教师的第一反应是:"又是他!"教师肯定就要冲学生发脾气。教师的第一反应是:"他昨天刚对我做了保证,今天就故伎重演。"教师肯定劈头就要谴责学生不诚实。教师的第一反应是:"这可怎么好呀,我真的无能为力了。"他对学生的态度就一定显得很厌恶。这几种态度,其共同特点是不会引导教师去研究问题,只会激化矛盾,无助于问题的解决,无助于教师专业水平的提高,无助于教师的心理健康。

5. 要善于寻找问题出现的原因

我们主张班主任遇到问题生出问题,第一反应最好像科学家见到不明飞行物的照片一样,怀着好奇心问道:"这到底是什么现象? 为什么会出现这种现象? "这种反应导向冷静、导向询问和研究,最有利于问题的解决,而且对教师心理健康大有好处。我个人有这方面的体会,"问题"学生的言行,有时确实令人反感和厌恶,教师有这样的心态也属正常,但是这种心态不利于解决问题。当班主任冷静地把他当作一个研究对象的时候,我们的反感和厌恶立刻就减轻了,因为你不大可能讨厌你希望了解的东西。好奇心能冲淡厌恶。认知欲望越强烈,态度就越冷静。科学家就是如此。

所以，班主任要激发和强化自己的认知欲望。不要觉得自己了解学生，而要实事求是地承认，我们对学生的心灵世界知之甚少。如此，我们面对问题生的问题，第一反应就是充满探索精神的"为什么"，而不会是情绪主义的义愤填膺和管理主义的"怎么办"，这样，我们的思路就对头了。光有第一个"为什么"是不够的，后面要紧跟着一连串的"为什么"，要不停地追问。比如一个学生早恋，我们作为班主任应该先进行一系列思考：他为什么会早恋？初步结论是，他想表现自己。为什么他用这种方式表现自己？结论是他其他方面缺乏优势。其他方面真的就没有优势吗？经研究并不是。于是我们就全力找到他可以出风头的领域，给他机会，于是他的早恋就可能降温，因为他有了自我实现的新途径。没有"为什么"就没有研究、没有接连不断的"为什么"，就不会有真正的研究成果。

6. 要尊重理解学生

"人非圣贤，孰能无过"，班主任要尽量地理解"问题"学生的失误、宽容他们，力争站在他们的心理，站在其真善美那部分思想的角度提出：我们需要怎样，我们怎么做才能更好。让"问题"学生感到老师不是在训斥他们，而是在帮助他们，给他们改正的机会。如果老师歧视他们、打击他们，就会诱发他们的逆反心理，既降低了老师的威信，把紧张的师生关系扩大开来，又不利于他们改正错误。理解"问题"学生学习上存在的困难。学习是他们问题的导火索。"问题"学生虽然学习生活习惯不好，但比其他学生更渴望得到老师、家长、同学的尊重与爱护，因为"问题"学生比学习好的学生有着更大的心理压力。在与"问题"学生谈话过程中要尊重和爱护他，引起师生情感"共鸣"，使"问题"学生恢复理智和自尊，从而冷静地思考自己的责任和不足。

所有难教育的孩子，都是失去自尊心的孩子；所有好教育的孩子都是有着强烈自尊心的孩子。每个孩子都有成功的潜能，每个孩子都有成功的愿望。尊重孩子，鼓励孩子，是师生情感的催化剂，是激发学生学习内在的动力。对于那些"问题"学生，班主任一定要理解他、尊重接纳他，因为他是你的学生，是一个还没有长大的未成年孩子。我们可能培养不出爱因斯坦，但我们必须要为学生能够成为爱因斯坦而搭建平台。

第三节　"问题"学生教育对班主任专业素质的要求

在国家教育部颁布的《中学班主任工作条例》中，明确提出"班主任应当成为学生全面成长的导师"，班主任在素质教育中发挥好导师作用主要体现在要努力成为学生知识上的启蒙者，思想上的引路人，人生道路上的导航员。班主任作为班级的教育者和组织者，在班集体的发展和学生的健康成长中起着十分重要的作用。有一句教育名言："校长是学校的灵魂，班主任是班集体的灵魂。"一个所谓的"差班"、"乱班"，凭着优秀班主任认真负责的工作态度、深入细致的工作作风、恰到好处的工作方法，可以转变成"好班"，"先进集体"。而一个本来不错的班，由于班主任不负责任，或者缺乏得宜的方式方法，可能逐渐松弛、散漫，变为落后。班主任工作的质量，在很大程度上决定着一个班的精神面貌和发展方向，深刻影响着每个学生德、智、体等方面的全面发展。

当前，社会各界、广大学生及学生家长，越来越认识到，影响学生发展的重要因素除了学校的办学水平之外，决定的因素在教师，取决于班主任的素质、水平和能力。可见,努力提高班主任的素质和水平,是提高育人水平的关键,是提高办学质量的基础,是全面推进素质教育的急切需要。

一、班主任必须要有高尚的师德

若说人民教师是人类灵魂的工程师,无疑班主任便是这工程师队伍中的"先头兵",若说教师是一棵棵大树,班主任一定是其中绿荫最浓、其下幼苗最茁壮的一棵。不求巨臂擎天的闻达,但求庇护一方幼苗的茁壮成长……传道于人,自己闻道在先,塑造他人灵魂的人,首先自己要有高尚的灵魂,有高尚的师德。

第一,班主任应热爱教育事业,忠诚于教育事业,有很强的责任心,并愿意为下一代的成长付出毕生的精力。"捧着一颗心来,不带走一根草",热爱和忠诚于教育事业是班主任做好一切德育工作的前提。试想一位班主任如果不敬业乐教,在工作上就失去了动力和热心,甚至视自己的劳动付出为一种痛苦的负担,又怎能把工作做好?

其次,是热爱学生,这是教师的天职。班主任要"以爱为本",把爱心像阳光般无私地撒向学生,把慈爱的微笑带给学生,温暖每一个学生的心灵。"爱的力量是无穷的",凭着这种无私的、不求回报的爱,与学生建立和谐融洽的师生关系,当学生的知心人,做他们的良师益友,使学生更好地完善自我、发展自我。

再者,为人师表,班主任自身的道德修养也极其重要。身教重于言传,用自己的模范行动感染学生,影响学生,教育学生,使学生的道德情感得到进一步升华。"其身正,不令而行;其身不正,虽令不从",教师只有自己具有开阔的胸襟,做事公正有理,为人善良热情等等优秀的品德修养,才能培养出优秀的学生。班主任要求学生要遵守校纪按时到校,首先

自己要以身作则恪守职业道德，不迟到不早退；班主任要求学生要有协作的集体精神，首先要做到严于律己宽以待人；班主任要求学生乐于助人，自己不能带着"各人自扫门前雪，莫管他人瓦上霜"的态度。班主任得时时刻刻注意做学生的表率，用自己良好的品德和行为去带动、影响学生，为学生树立立身做人的榜样，教学生以真知、新知，做学生成才的引路人。

二、班主任要有优秀的人格品质

教育家乌申斯基说过，教师的人格就是教育工作者的一切，只有健康的心灵才有健康的行为。作为一名班主任，无论在学生面前，还是在日常生活中，无论是在教室的讲台，还是在人生的舞台上，都应当保持言行一致、表里如一的优秀"人格本色"，并用这种本色去感染自己的学生，教育自己的学生。教育家苏霍姆林斯基说："不管教育方针定得如何，也不管校长提出了怎样的要求，决定的因素还是教师。"

强调教师人格品质的重要，有两个主要原因：一是中学生的向师性及模仿性，有怎样的班主任，就有怎样的学生，班主任如果邋里邋遢，学生就会不修边幅，班主任如果经常迟到早退，学生就会自由散漫，这就要求班主任及其他教师必须随时注重自身一切言行的示范性；二是"初学做人德为先"，班主任的神圣职责之一，就是通过个人的优秀人格本色和艰苦育人劳动，为自己学生的一生铺垫下坚实的优良的人格基础，为他们的终身发展开辟道路。班主任塑造自身的优秀人格品质，应当按照以下标准做出努力，坚持正确的政治方向，高尚的思想道德情操，诚实守信的品质，严谨治学的态度，和谐的人际关系，敬业献身的精神。

三、班主任要具有广博的知识水平

班主任要对所教知识的内涵与外延，有着精深的认识和理解，并力求有一定深度的探讨与研究。因为班主任应当成为教学的强者，以求使学生获得系统而扎实的基础知识。就是要上好课，讲好课，课上得好的班主任，能够弥补班主任工作的不足，通常，课上得好的教师，班主任工作相对也是比较突出的。

此外，班主任要做一个杂家，身为班主任，虽然不是专门的理论工作者，但学生也会问到经济、文化方面的问题；虽然不是宣传工作者，但学生也会问到国家方针、政策与法规；虽然不是心理医生，但孩子们常会把心中的苦闷向班主任倾诉，以求得到班主任的关切与抚慰，为此，班主任知识面要宽，信息量要大，生化光电，政经史哲，天文地理，都要了解一二为佳；如果班主任孤陋寡闻，知识单一而贫乏，就不能满足学生的求知欲望，久而久之，在学生心目中的形象就会受到损害。因此，班主任应具有"T"字形的知识结构，即纵向深邃，横向广博。

四、班主任要有真诚的爱生情感

温家宝总理在第二十个教师节来临前夕，看望部分教师时说："没有爱就没有教育。"具有真诚的、深沉的爱生情感是班主任具体教育实践中的首要素质。爱生是师德的核心。爱生要真心实意、真诚实在，不做作，不掺假，不虚伪。因为班主任的"爱生"，是教师敬业精神的凝聚和体现。许多优秀班主任认为，班主任的爱生情感是班主任工作的强大动力，是获取教育成效的源泉，是与学生情感交流的纽带和桥梁。因为情感投入本身就是一种力量。师生之间一旦缺乏情感交流，那么这种交流往往是

乏味的、呆板的、低效的。

在爱生的问题上，有两点值得注意：（1）爱并不是教育的全部，爱生虽然能产生感化、激励和调节的功能，但"爱"并不能替代教育，"爱"为教育提供了坚实、深厚的基础。所谓"以爱代教"的提法是行不通的。教育者之爱代表当今时代和未来的需要，代表党和国家的人民之爱。（2）必须正确处理"爱"与"严"的关系。要知道，爱是严的基础，严是爱的体现。只爱不严，则失去了教育者的责任。"教不严，师之惰"，一位教育前辈曾说："不会科学地严格要求学生的教师不是好教师。"

科学地处理严与爱的关系，应当是宽严结合，爱而不纵，严而不苛。要坚持孔子"温而厉"的原则，并在严格要求中，坚持做到严之有理，严之有情，严之有度，严之有恒。

五、班主任要具备良好的心理素质

班主任面临的工作特点是重要而繁杂，艰巨而细致。其中，有预料也有意外，有干扰也有误解，有愉悦也有苦衷……这就要求班主任必须具有高尚的精神情操、优良的意志品质、良好的自控能力等心理素质。特别要注意培养以下四种心理素质：

1. 振奋向上的精神。班主任应当具有高尚的理想信念，以培育英才为终生追求目标。要培养自身忠诚人民教育事业的敬业精神，这是一名教师奋发向前、自强不息的力量源泉。

2. 宽广、开朗的胸怀。面对各科类型学生的不同行为表现，面对外界诸种不同的反映与刺激，班主任都应该以豁达开朗的胸怀和平静的心态对待每件事情。

3. 乐观、豁达的情绪。乐观、豁达的情绪能促进师生关系的和谐发展,对创造民主、健康的班级氛围非常有益。富于幽默感的教师,善于以恰当、贴切、风趣的语言,缓解教育中的紧张局面,使工作走向主动与成功。

4. 刚毅、坚强的意志品质。班主任工作任务重,项目多,周期长,见效慢,这就要求班主任必须培养自己刚毅、坚强的意志品质,努力增强自制力。

六、班主任要有较高的教育技巧

众所周知,作为一个班主任光有"爱心"、"细心"、"耐心"是不够的,工作开展得好不好,成效高不高,往往在于工作的技巧、驾驭的能力。劈头盖脸地当众吼一顿,每天低头捡一张又一张的纸屑,一次次苦口婆心地劝说,没收不完的一本本小说、一个个的足球……"心急吃不了热豆腐",虽然这一切都是为学生着想、为班级着想,虽然这一切都出于一个"爱"字,但学生未必真心实意地听从教诲,往往是左耳进右耳出,反而嫌班主任啰唆、苛刻、不通人情等等。大家都知道,随着时代的发展社会的进步,人的社会化、人格化、个性化,"班主任"这个词再不是严加看管的"警察"型所能概括的,也不是含辛茹苦的"保姆"型所能归纳的。

总的说来,要"动之以情,晓之以理,导之以行,持之以恒"。既要有慈母般的息息关爱,又要有严父式的高要求;既要在"面"上抓整个班级班风学貌,又要在"点"上细致深入地管好个别学生的思想、学习、生活各方面;既要有贴近学生的现身说法,又要在学生中树立很高的威信;既有"和风细雨式"温文软语的开导,又有"疾风暴雨式"严厉的批评;既要培养学生融入班级的情感,又要培养学生独立自主的能力;既要及时发现学生的闪光点,又不忘揭一揭过去的伤疤……在思想上对学生要常开

导，激发其上进心；学习上常帮助多鼓励，尤其是学生犯错误时，不可挖苦、嘲讽，要用发展的眼光来看待，切实帮助他们吸取教训，加以改正；生活上把学生的冷暖悲欢时刻放在心头，多为学生创造有利条件，使其努力学习。都说"知彼知己，百战不殆"，做学生工作也是如此，要对学生的家庭状况、个人兴趣、爱好、上进心，对学生的一言一行皆收眼底，一举一动尽装心中，善于见微知著，洞察秋毫。只有这样，工作才有实效性。

教育既是一门科学，又是一门艺术，不懂教育规律，不会分析学生的心理特点，不善于用多样的教育方法，难于成为一名优秀的班主任。只有针对不同学生、不同问题采取不同的教育方式，进行因材施教，讲究教育的技巧、爱的艺术。班级工作是一项艰难细致的工作，班主任只有树立信心，逐步完善自己各方面的修养素质，才能把工作做得更好。相信"只有教不好的老师，没有教不好的学生"！

实践篇

不同类型"问题"学生的
案例分析及教育策略

第四章　学习"问题"生

人性最深切的渴望就是获得他人的赞赏，这也是人类之所以有别于动物的地方。

——威廉·詹姆斯

第一节　后进生问题

后进生是相对于那些"先进生""优等生"而言，是指那些学业成绩、行为习惯、思想品德等方面低于合格水平或者平均水平的学生。后进生的表现多种多样，有着这样或那样的缺点和不足。他们的表现与所谓的"进步"学生不一样，他们对学习不感兴趣，上课不注意听讲，喜欢做小动作，经常迟到、早退或旷课，有着很强的逆反心理，不听话，经常顶撞老师，屡教不改，性格孤僻，不善交流，喜欢制造恶作剧，缺乏纪律观念，自由散漫，容易以自我为中心。

后进生是一个"与众不同"的特殊群体，虽然他们有着不少不良表现，但他们只是迟开的"花朵"，而对于这些迟开的"花朵"，我们要分析

"病因"，对症"下药"，我们要用爱心、赏识、耐心、诚心、宽容去浇灌他们，让他们开得更绚烂多姿。

一、典型案例

山东省某中学季老师班上就有一位男生李某，该生对学习丝毫没有兴趣，几乎从来不学习。这可从他的考试成绩中看出来，每次考试都得十几分、二十几分，没学过的人也能考这些分。上课时间基本上处于闭眼状态，因此同学们封他为"教（觉）主"。上课提问时，逢他必不会，一问三不知。于是季老师让他从课本上找出答案念一遍，他居然也不能独立完成，前后左右帮着他找答案。属于学习不能自理型。该生虽然上课"本分"，但下课异常疯狂，完全不像个"教（觉）主"。面对这样的学生，季老师实施了如下几种做法。

自从季老师教他后，一开始曾经试图转变他，谈了一次话，老师苦口婆心地说："我知道你爱睡觉，要求你上课一点也不睡对你来说很困难，但每天上课少睡一分钟，那么45天下来，你就一点也不睡了。"谈过话后，他依然没有任何改善。有一次上课，讲到职业道德时，季老师跟学生开玩笑说："我上课不让你们睡觉就证明我很有职业道德。"然后他周围几个学生说："教主还睡着呢，证明你没有职业道德。"虽然是几个孩子的玩笑话，但却深深刺痛了季老师的内心。下课后，季老师开始回忆开学来的点点滴滴，于是冥思苦想了一系列方案，向李某发起了"进攻"。

首先实施第一套方案。上课起立时，季老师趁他还睁眼时，向大家宣布一个新规定：假如哪位同学上课睡觉，季老师就去摸他那圆咕隆咚的大脑袋，季老师说谁想让我摸就赶紧睡觉啊，学生对着他大笑不止。他的脸嗖的一下子就红了。整个一节课，他一直都没有睡，但他一直试图与前后左右的同学说话，但是没人理他。因为在上课之前，季老师就与前后左右的同学打了招

呼。李某很无聊，于是时不时地看看黑板，再看看书，这是他第一次这么做。第二节上课时他的老毛病就又犯了，脑袋一次比一次低，最终又贴向了他那心爱的课桌。季老师温柔地摸了摸他的脑袋，他赶紧坐好了，但过了一会儿，他又趴下了，季老师发现这个方案对他来说是失败的。

于是季老师又实施了第二套方案，也是趁上课起立他睁眼时说的。季老师说以后上课要是睡觉的话，就拿着书站到门口来，然后你的任务就是边听讲边负责监督全体同学，你看着谁睡觉了，那么你就回到原位，让他上来。下课时谁站在上面，那么我们就让他下课时给我们高歌一曲。如果他不唱，想拖到下一节唱，那也行，但下节课唱时必须来个歌伴舞，唱跳结合。李某在大笑之余开始为自己担心，整整一节课没有睡觉。但到了第二节，又开始睡了。季老师按照规定把他叫到门口。他拿本书站在那，寻找每一个有可能睡觉的，但大家看到他的下场，没一个敢睡的。等到下课时，让他唱歌，他说什么也不唱，这使得季老师很难堪，于是季老师把他叫到办公室。季老师没有生气，而是和颜悦色地对他说："小李，当时你是举双手赞成这个规定的，你不唱歌的话，我以后在班里还有什么威严，亏你还是个男子汉。"他可怜巴巴地说："老师，我实在不会唱。"季老师说："你点首歌，我来教你，晚自习前你来学吧，学会了下节课上讲台上唱，也算你帮我一个忙。"他不情愿地点了一下头。上晚自习之前，他如约来到办公室，季老师教了他几遍，还给他抄了份歌词，让他回去继续练，还自己配点动作。下节课一开始，他扭扭捏捏上来了，脸红脖子粗地唱了这首歌，还配点动作。季老师带领学生给他鼓掌，还找了几个学生点评他的歌，当然全都是赞美的话。他很高兴，也找到了自信。季老师说："欢迎李某下次继续。"他说："不了，不了，一次就够了。"

从那以后，他上课睡得少了。但是，他对学习还是没有兴趣。现在季老师才发现光是让他上课不睡觉是不够的，必须给他寻找学习的动力。绝大多数学生都知道自己学习是为了考上个好大学，以后有个好工作。季老师给他们描述大学的美好生活，当然仅仅口头描述达不到效果，还配以图片，把大学校园、大学生活的照片制作成电子相册供他们欣赏。这么一介绍，学生们尤其是李某开始想象自己的大学生活，对学习也有了兴趣。上课开始听讲，开始做笔记。

为了防止李某"三天打鱼，两天晒网"，下一步的工作该是课后及时督促他把该记的记住，该理解的东西都理解透。但由于课时量少，和学生见面时间较短，于是季老师便让学生之间相互督促。季老师把全班同学分成组，每节课都以抓阄的方式从每组中抽出一个来提问，如果答对了就给所在小组加一分，答错就给所在小组减一分。课代表做好记录，几月几日提问的是谁，给本组加分了还是减分了。季老师略施点诡计，多提问李某几次，并让他从中体会到了成功的喜悦，体会到了学习的乐趣。从那以后，他开始喜欢学习了，上课认真听讲，不再当"教（觉）主"了，同学们和季老师都对他的转变由衷地感到高兴。[1]

【案例启示】

在帮助后进生转化过程中要掌握"一个态度，三个原则"。在对待后进学生的问题上我们教师要采取宽容的态度，因为人无完人，任何人都有一定的缺点和毛病。尤其是青少年更是如此。在转化后进生的工作中要坚持因材施教的原则，每个人都有自己的长处，中学生正处于成长、发育阶段，可塑性很大，只要对他们进行细致的了解和具体的分析，找到适合他们的方法，就可以帮助其转化。

---

[1] 季元元.成功转化后进生的案例分析.教育艺术.2010,4

二、后进生的形成原因

后进生的形成原因也是多种多样的，有社会环境、家庭生活、学校教育管理及学生个人心理等诸方面因素。

（一）社会环境因素

社会环境的影响主要来自影视媒体和网络。科技的进步给中学生带来了便利，mp3、mp4、mp5、手机QQ风靡校园，影视媒体五彩纷呈。日韩剧、港台剧，特别是其中的青春偶像剧更是震颤着中学生的视听神经。而相比之下网络的因素更多一点。中学生意志力较弱，易被网络中的虚拟世界所吸引，以至于占用大量的学习时间，影响了学习，更影响了身心健康。因为网上是鱼龙混杂、良莠不齐，中学生难以分辨，更抵挡不住诱惑，把大把的时间花费在网络游戏上，整日恍惚在虚拟世界中。

当今社会物欲横流，金钱至上。钱的多少有时亦可证明一个人成就的大小。而且现实中确实也有不少知识层次较低的人走向了事业的成功，上不好学但不一定就混不出个名堂，且不可能每个大学生都能找到满意的工作，大学生给"中学生"甚至"小学生"打工的也有很多。但这只是个例，而有些人却以点概面，以偏概全，以为知识无用，读书无用。家长这样想，孩子也这样认为。有些家长送学生到学校不是让他学习的，也不让老师管，就是为了混个毕业证，甚至有的学生上学不到毕业，就出门打工去了。想改变一些人"读书无用"的观点不容易。

（二）家庭生活因素

现在独生子女较多，孩子就是家中的"小皇帝"，父母那是捧在手里怕掉了，含在嘴里怕化了，一味地娇惯他们，对他们听之任之，放任自流。而在农村，留守儿童也是形成后进生的主要阵地，父母长期在外打工，孩子自小就被丢在家里，他们缺乏母爱和父爱，爷爷奶奶只知道疼，不知管教，也不懂得管教，造成孩子我行我素。他们与爷爷奶奶之间往往也都存在着代沟，且爷爷奶奶往往都没有知识或者知识层次较低，根本不可能去辅导他们，只知道让他们吃好穿好，学习上的事几乎很少管，也管不了，搞不懂。还有家庭不幸福也是一个原因，孤儿、单亲家庭、父母离异等都会给孩子造成阴影，形成孤僻的性格。

（三）学校教育管理因素

虽然素质教育已经提了好多年，但很多学校还是走不出应试教育的藩篱，因为人才选拔还是得通过考试。特别是最近几年来，各行各业招聘上岗，职位晋升，是逢晋必考。于是学校在管理方面特别重视优等生，给他们提供最优越的条件。甚至还分出三六九等，什么特招班、实验班、尖子班、普通班。优等生都被投在实验班、特招班，后进生则被扔到普通班。学期中间每次测试实验班中的"后进生"同样有可能被塞到普通班。学校在师资配备上也会给实验班"让路"，给特招班"开绿灯"。在平时的教学管理中也同样大相径庭，实验班的比较正规、严格，学校领导特别重视，隔三差五去检查、动员。因为升学率直接关系到学校的荣辱和存亡，而升学率的高低就得靠实验班，一些学校就直接和奖金挂钩。这样一来，确实提高了一部分老师的积极性，而另一部分老师则会越来越懈怠，普通班成了学校遗忘的角落。长此以往，好的更好，差的愈差。

（四）学生个人心理因素

后进生在最初的时候可能并不怎样差，但可能由于得不到老师的重视，同学的帮助，家长的理解，再加上学习上的困难挫折而产生了自卑心理，慢慢地对学习产生了反感甚至恐惧心理。接下来"爱屋及乌"，后进生

对科任老师也会产生恐惧心理，如此恶性循环，成绩直线下滑，再也没有了爬起来的勇气和信心。

大部分后进生个性心理品质不良，意志力不够坚强，经不起挫折和失败。一次考不好就一蹶不振，不能愈挫愈勇、再接再厉，而是破罐子破摔，变成了烂泥一堆，因为他们不愿意付出双倍的努力，做不到笨鸟先飞。

三、班主任转化后进生的策略与方法

（一）班主任要用爱心去融化其心灵的坚冰

有一颗爱心是当一名好教师的前提，全国特级教师桂贤娣也说过，爱学生是教育好学生的前提，教育好学生是爱学生的归宿。苏联著名教育家苏霍姆林斯基曾说过，每个孩子都是一个世界——完全特殊，独一无二。我们要爱每一个学生，公平公正、一视同仁还不够，我们应偏重于后进生的那一半天平，尤其是缺点甚多、屡教不改、基础很差的后进生。我们要怀着一颗爱心去关心爱护理解他们，用爱去沟通心灵，用爱去交流思想，用爱去折服他们，他们定会在爱的感化下规范行为，完善自我。

（二）班主任要用赏识点亮其自信之灯

心理学家威廉·詹姆斯说："人性最深切的渴望就是获得他人的赞赏，这也是人类之所以有别于动物的地方。"每个人都需要赏识，学生亦是如此，尤其是后进生，他们平时得到的常常是批评、讽刺、挖苦、嘲笑、责备，他们渴望教师的赏识就像花儿渴望阳光雨露一样，更像是久旱需甘霖。而后进生在有着诸多缺点的同时，他们身上也有很多的"闪光点"，譬如：有的喜欢运动，身体素质很好，有的乒乓球打得好，有的歌唱得不赖，有的字写得不孬，有的画画得不错，特别有一些后进生，他们思维活跃，热爱劳动，爱打抱不平，平时表现得比"优等生"还更有礼貌。这样教

师就要放大他们的优点，建立多元评价体系，不能一味地光看他们的缺点，而过分地以为"窥一斑而见全豹"，反而成了"一叶障目不见泰山"。教师要善于捕捉他们身上的"闪光点"，挖掘他们的潜能。

甘肃省的王老师班上有这样一位男同学，这个学生身强体壮，是学校的"风云人物"，整天身后跟着一群男同学，不学无术，纪律观念淡薄，我行我素。上课顶撞老师，放学在校外打架斗殴。王老师找到他的"死党"，旁敲侧击，了解了这个男同学的一些情况，因为这样的学生逆反心理极强，你直接问他会"装哑巴"的。原来这个姓张的男同学是个"转学大王"，从小学到初中已经不知转过多少次了，在镇上上过，县城里也上过，还在南方上过贵族学校。他的家庭比较富裕，父母都在南方办厂，物质上非常富裕，但精神上很空虚，所以他总喜欢找些事。经过一段时间的观察，王老师发现他有一个很大的优点，爱打抱不平，只要知道了谁欺负小同学，他肯定会"路见不平，拔刀相助"。而且他还很关心集体，荣誉感很强，在学校举行的跳绳比赛中，他给班级夺得了单人跳第一的好成绩。王老师又抓住了这个教育契机，叫他到家里去，因为他知道这样的学生，只要你一叫他进办公室，他就会认为没有好事，其他同学也会嘲笑他，而他的自尊心又非常强。所以等他到老师家以后，先是表扬了他一番，也可能是平时没经历过，他表现得很不自在，王老师又和他谈到班级的事，发现他对班级的事很热心，提到一些经常违反纪律的同学，他感同身受，他说他如何地了解他们，王老师这时就把早就准备好的话拿来问他，愿不愿意帮我管理这个班级，当班级的纪检组组长。因为王老师早就发现他是班里的"孩子王"，他有时说话可能比老师都顶用，而且他有很强的组织能力。他很爽快地答应了，王老师又选了两个"遵纪守法"的当他的副组长，在帮他的同时也能监督他。起初不少同学对王老师的做法不理解，王老师和大家商量给他一星期的"试用期"，如果不行撤他的职。结果一星期过去了，一学期也过去了，他做得很好，再也没有犯了错不接受惩罚的时候了，因为他犯了错惩罚是别人的双倍。一学期下来他令老师和同学都刮目相看了。

作为班主任，对于后进生千万不能吝惜我们的好话，要积极地经常地表扬鼓励他们，点燃他们的自信之火，不能一味地求全责备，要知道在我们的冷眼中可能会有爱因斯坦，在我们的批评中也可能会有牛顿。要建立多元评价体系，也许有的同学文化课不行，但画画得很好。不能老用批评而扼杀了后进生自信的幼芽，要让后进生能抬起头来走路，在具体的教学实践中，要对他们提出不同层次的要求，要降低后进生的作业难度，量力而行，或者就像翘翘脚就能够得到的苹果一样，使他们经常能尝到成功的甜头，不断树立自信而逐步地拔高，但要注意一定要让他们能够得到，这样才能循序渐进地提高。

（三）班主任要具备足够的耐心

意志薄弱、自制力差是后进生的特点，所以对待后进生要允许他们"反复"，理解他们的"屡教不改"，不要老把"我都跟你说了多少次了，你还这样"挂在嘴上，不要幻想着"一针见效"。后进生不是一天形成的，也不可能一次就能治好，他是"慢性病"，需要长期"治疗"。要因势利导，循循善诱，长善救失，及时发现他们身上可喜的变化，也要给他们留足"蜕变"的时间。因为他们是迟开的"花朵"，教师在做好"管理"、"施肥"等一切准备工作后，还要耐心地等待他们"绽放"。后进生底子都很薄，提高非一朝一夕之功，必须坚持不懈、持之以恒，否则只能半途而废了。

（四）班主任要用诚心去打动他们

后进生都有着强烈的自尊心，他们经常受打击、受批评，是办公室的

"常客"，他们都很自卑，他们喜欢以自我为中心，不与人交流，其实他们更渴望得到别人的理解和尊重，只是他们不愿意敞开自己的心扉。也可能是长期的压抑和自闭让他们不相信任何人，特别是老师。所以教师要像朋友一样与他们交流，以诚相待，平时找机会多接近他们，与他们拉家常、侃大山，平等地与之相处，切勿居高临下，否则，他们敞开的心扉也会关闭。为此，班主任可以在每周一记中热情地鼓励他们写自己最想写的东西，家庭中的烦恼，成长中的烦恼，同学之间的摩擦，师生间的误会等等都可以写。而且班主任要承诺一定替他们保守秘密。班主任可以带头起表率作用，在班会时间经常谈些自己的往事，不论好事还是"糗事"，坦诚相待，这样学生们才会愿意吐露自己的心声。当他们把自己心中的秘密都倾诉出来时，班主任要以一个朋友的角度与之平等交流，或是同情，或是惋惜，或是激励，或是鞭策，再以一个过来人的身份为他们指点迷津，出谋划策，渐渐地就会赢得他们的信任。

（五）班主任要用宽容去抚慰他们受伤的心灵

苏霍姆林斯基曾说过：有时宽容引起的道德震动比惩罚更强烈。对于后进生来说，犯错是正常的，不犯错才是不正常，所以这就要求教师要有一颗宽容之心。但不是一味地宽容，听之任之，无原则地纵容。要积极地引导他们，严格地要求他们，帮助他们不再犯错，且不能只知道批评指责，容不得他们的错误。要知道每个人都会犯错，只要能改还是好同学，还能赢得大家的尊重和喜爱，知错就改，善莫大焉吗。就像是一道数学题，他有可能会做错99次，但只要第100次他们做对了，我们一样要为他们鼓掌，因为他以后不会再错了。不能因为他们在转化过程中的"反复"而认定他们"不可雕也"。如果我们不懂得宽容，他们就可能永远错下去。

另外，在学校教育管理中，不能再把学生分成三六九等，搞尖子班、普通班，要均衡教育教学资源。班主任不能按成绩排座位，可以在班级里成立互助小组，实行一对一帮扶，这样也有助于学生之间互相帮助、共同提高。

(六)家庭及社会要对转化后进生进行辅助

当然，后进生的转化更需要家庭、社会的合力。特别是家长，不能认为这仅仅是班主任或任课老师的事，要知道，家长的配合和监督是后进生转化的催化剂。有了家长的配合，后进生的转化就如走上了高速路。家长首先得看到知识的重要性，知识就是力量，知识改变命运。时刻注意孩子的思维动向，经常和孩子的班主任、科任老师取得联系，及时了解孩子在校的学习和生活情况。在孩子学习比较吃力的时候，及时和老师沟通，分析原因，寻找解决方案。要鼓励孩子去战胜困难，共同去解决学习中的难题。不能一味地去责备孩子，打击孩子的学习积极性和自信力，甚至伤害孩子的自尊。更不能粗暴对待、侮辱、体罚，使孩子产生恐惧心理，丧失爬起来的勇气。当然也不能娇惯放纵孩子，溺爱、放任自流都会害了孩子。不能怕让孩子吃苦，学习任务一定要让孩子独立完成，家长可以从旁协助指导，但绝不能代替。孩子就是未来，父母再忙也要多抽点时间陪陪孩子，爱他不能仅是物质上的满足。父母是孩子最好的老师，在当今这个知识型社会，人人都要学习，活到老学到老，做父母的在这方面要树立榜样，这样不仅对辅导孩子有利，更有利于赢得在孩子心目中的崇高地位。

后进生的转化也离不开社会的工作。比如要加强对网吧的管理，虽然现在管理得已比较规范，但还是有一些网吧收留未成年人，还有一些黑网吧更是来者不拒。现在的不少网吧只要有身份证就可以了，所以有的学生拿别人的身份证也行。另外转变人们的观念也很重要，让人们认识到知识的重要性，尤其是怎么样才能让家长和孩子认识到这一点更关键。

第二节 "问题"尖子生

每个学校都拥有一批尖子群体。他们品学兼优，是全校学生学习的榜样，比一般学生更容易获得诸多荣誉和奖项。这些尖子学生在同学中往往会有比较强烈的优越感，因为他们成绩突出，应付学习能力强，对自己的学业自我感觉良好；他们会受到老师较多的关注和表扬，被同学羡慕和赞美，成为师生关注的重点并且习惯了在众人心中的地位；他们在父母心目中听话、懂事，是一贯优秀的孩子，是家庭的骄傲。但尖子学生也会因此承受巨大的压力，他们中的大多数都能正确认识这种压力，并能自我化解，化压力为动力。而一旦这种压力超出了他们的承受范围，或是他们内心的平衡机制出现了问题，就很容易走进褊狭的思想观念中，情绪变得极端。尖子生出于面子问题，甚少会主动向人倾诉烦恼，寻求帮助，而自己又很难走出心魔。因此，对尖子生的心理辅导不容忽视。

在学校教育中，教师往往会比较关注"问题"学生的心理状况，而忽略对尖子生的心理干预。事实上，因为尖子生成长的特殊经历、在家庭和学校所处的优势位置和他们在长期地追求完美的心态的影响下，他们的心理问题并不会比"问题"学生的少。在新闻报道中，频频发生的轻生自杀者有不少是尖子生，他们的心理压力比一般学生大，心理承受力也会比一般学生更脆弱。有时，尖子生的心理问题没有暴露出来，但拖延下去，对他们的人格形成和人生发展都会产生影响。如果学校和家庭对尖子生的心理问题不能及时发现和干预，这些问题就会积压起来，让他们的性格出现扭曲，甚至会自暴自弃，自我沉沦，严重影响他们的心理健康，时间长了，甚至会造成人格变异。

一、典型案例

广东某中学谭老师在对待尖子生上非常有经验，谭老师接手的班上曾经有一名尖子生张某担任学习委员，成绩很拔尖，因而很多同学向他请教各种各样的学习问题。他觉得高中阶段学习任务重，功课紧张，却要花那么多时间去答疑，为之深感苦恼，生怕会影响自己的学习，但不回答问题又怕影响同学关系，就向谭老师倾诉他的苦恼，委婉地提出辞去班干部职务的要求。

谭老师没有直接拒绝他的要求，而是让他回忆他初中时期没有担任任何班干部，成绩是否很突出；担任班干部后，花了很多时间为同学服务，成绩有无因此后退；他最近几次成绩不理想的真正原因是不是复习时间不够；担任学习委员这一职务给他带来了什么变化，并让他把思考的结果写下来，仔细斟酌。过了一两天，他拿着写了满满一大张的纸再来找谭老师，很高兴地说他想通了。当学习委员并没有影响他的学习，反而让他有了好好学习的动力；同学向他问问题，其实他也是在复习课本知识，而且同学感谢他的帮助，对他特别好，为他解决了不少生活上的琐碎事情；最近几次考试成绩波动，主要原因还是在于粗心，未能审清题目，有个别是因为忽略了基础知识。刚巧有同学向他问起这个问题，他翻回课本才省悟到基础知识的重要性。问题迎刃而解，谭老师还增设了一名学习委员，减轻他的负担，同时让学生把当天的功课普遍存在的疑问集中用纸条提出来，利用讨论时间让他在班中统一解答，使他避免了重复的解说之苦。这样做一段时间后，他的成绩又有了新的突破，谭老师在班会课及时表扬了他为班服务的精神，因此带动了一批尖子生主动承担班务，培养了他们的团体意识和服务精神。事情圆满解决让我意识到，让尖子生解开心结最好的办法是引导他自我反省、自我感悟，权衡利弊关系，真正明白是非对错。

谭老师认为要改变对尖子生的偏爱，需要创设公平竞争的环境和氛围。特别是在管理班级时，老师要对尖子生和普通学生一视同仁，别让尖子生产生褊狭的优越感。谭老师班上有一位很聪明的女孩子小月，学习方法很灵活，学得轻松而成绩很优秀，并且乐于帮助老师做事，工作态度认真负责。所以，谭老师经常在班上表扬她，把很多荣誉给了她。谭老师喜欢找班上的学生聊天，一发现问题就会叫他们到办公室里谈话。有一次，她找到谭老师说："老师，你是不是对我的工作不满意呢？"谭老师很惊讶，问她为什么这样想。她说："你老找别人聊天，很久都没找过我了。是不是不喜欢我了呢？"谭老师知道她误会了，就向她解释她什么问题也没有，而且工作出色，老师很放心她，所以少找她了。

这件事让谭老师意识到，尖子生同样需要得到老师的关注和肯定。她向来因成绩遥遥领先而有点自负，但这次质问老师却是她不自信的一个表现，或许是她作为住宿生，离家又远，因为她特别优秀，别的女孩与她在一起会显得逊色，有压力，所以无形中会疏远她，让她显得孤单、不合群。虽然谭老师意识到她有情绪问题，觉得要给她疏导一下思想，但也没有认真去做，总觉得她这么聪明的一个女孩子，自己应该知道怎么做。没想到没多久，她就与宿舍同学因为一些琐事而越闹越僵，转而自暴自弃，觉得老师和同学都不理解她，针对她，专门挑她的错，却没有看到她的努力，成绩因此也一落千丈，甚至产生了退学的想法。谭老师认为这件事双方都有错，作为班干部，她应该主动一点、宽容一点,与同学搞好关系。谭老师为她在处理人际关系时暴露出来的有点狭隘、偏激、不理性的想法而惊异,同时也深深地自责自己没有及早发现问题,采取干预措施。或许正是谭老师对她表扬得太多了,而无形中冷落了一些同学,让她不能接受老师的批评,也让一些同学产生了嫉妒的心理,故意排斥她,挑她的错。

这件事平息之后,谭老师懂得了做班主任批评与表扬都是有艺术性的,对尖子生,不能只看到她好的一面,表扬过滥就会滋生骄傲、自以为是的情绪,而忽略她在除学业之外的其他方面的点滴进步也是不应该的,应多关注她的生活和交际,及时发现她的性格缺陷,用合适的方式帮助她纠正行为偏差。

教师的任务是教书与育人,对学习能力强的尖子生而言,有时育人比教书更重要。当学生出现情绪问题时,如果老师能及时察觉,加以疏导,对缓解学生的情绪问题能起到很大的作用。

二、尖子生常见的心理问题

(一)过高的期望而产生的忧虑感

大多数成绩优秀的学生都能严格要求自己追求较高的目标,同时他们还背负着家长和老师等人的殷切期望。这些因素都会使他们对自己的实力产生怀疑,久之,心理就会变得焦虑。从心理学角度看,短时的焦虑可以激发学习的动力,但若焦虑持续时间过长,便会影响他们正常的思维和休息,从而产生负面影响。

(二)争强好胜而产生的嫉妒心理

尖子生一般在学习上处于领先地位,因此自视甚高。当他们进入新的学校后,由于班级的调整或自身学习能力等原因出现了比自己更优秀的学生时，常常容易产生嫉妒的情绪，甚至是仇视心理。这种心理是吞噬不少优等生的心灵魔鬼，它会使他们内心里弥漫焦虑、猜疑、恐惧、怨恨、敌意等不健康的情绪，有些同学甚至采用不正当的手段，如白天在同学面前装傻（睡觉、乱讲话），晚上死用功，既影响了同学之间的关系，又影响了自己的学习。此时若不能得到及时的引导，做适当的心理调整，不但不能正确处理同学之间的关系，保持积极的竞争状态，甚至会影响其良好品格的形成。

(三) 过分自尊而产生的自负心理

尖子生在班级中骄傲自负，不可一世。有些尖子生在同学面前傲气十足，看不起学习成绩不理想的同学；有的对老师要求很高，不服管教，不时给任课教师出"难题"；有的对老师正常的教导心生不满，认为老师针对他们，没有看到他们的成绩，只盯紧他们的问题故意刁难他们。

这主要是因为他们不能准确地自我定位而造成的。一方面，虽然这些同学成绩很好，良好的行为习惯也基本养成，但他们的思想毕竟不成熟，通常由于自身条件的优越，显得相当自尊。有时这种自尊会显得过度而演变成自负。往往是目中无人，唯我独尊，以致不能接受别人的意见，甚至有时会钻牛角尖。另一方面，当他们一旦接触到自己不太容易驾驭的新事物，又会由自负转为自卑。这时，为了证明自己，可能会做出一些意料之外的荒唐举动，以致违纪甚至违法。

(四) 过分优越感使心理脆弱

尖子生的心理承受能力弱，这是最普遍的一个问题。有的尖子生习惯了老师的表扬，对老师表扬别的同学有时会不服气，认为老师忽略了自己，而一旦被老师批评，就深感郁闷，愤愤不平，难以接受；有的尖子生不善于处理人际关系，只听得进正面的评价，而对别人的意见和指责耿耿于怀，认为他人是在妒忌和打击自己；有的尖子生比普通学生更害怕考试，面对有排名的考试往往紧张、焦虑，生怕考试失手，而一旦考试失利，哪怕是只退步了一点，也耿耿于怀，很难走出失败的阴影。

此外，有些尖子生性格固执，总认为自己是对的，听不进他人的意见，因此被同学排斥，游离在集体之外；有些尖子生为了保持在班级中的考试名次，会对同学封锁资料，对其他同学的请教表现出厌烦情绪；有的尖子生对班级组织的各种文体活动漠不关心，甚至对家长和老师的关心也非常冷漠，缺乏感恩之心。

这些尖子生是学校和家庭的宠儿，习惯了考好成绩、听到赞扬声，对失败因素以及可能带来的负面效应一般考虑很少，因此，一旦出现挫折心理就难以承受，甚至没有勇气面对暂时的失败，便怀疑自己、埋怨别人、心浮气躁，这不仅对学习有影响，也不利于他们将来在充满竞争、时有沉浮的社会立足，更甚者会做出伤害自己的傻事。

三、班主任转变"问题"尖子生的措施

近年来，有识之士提出，培养人才，首要的标准就应该是人品，懂得忠孝仁爱，礼义廉耻，这一点与社会普遍承认的"综合素质高"的标准并不矛盾，社会上就有"有才无德是危险品"的说法，所以，学校教育应该是以德为先，不要过分苛求学生成绩拔尖，尖子生的德育工作十分重要，不容忽视，对尖子生的心理干预研究也应成为学校心理健康教育的一个重点课题。

（一）早期预防

一般来说，尖子生的表现是比较令人满意的，尊敬老师，遵守纪律，

学习勤奋，成绩优良，所以能得到家长和老师的重视和喜欢。平时，老师和家长对他们是表扬多，批评少；使用多，教育少。如果忽视了教育、引导，久而久之，会使他们产生优越感和骄傲自满的情绪，不敢正视自己的缺点，放松对自己的要求。尖子生潜在的不良因素如果任其发展，就有可能膨胀到不可收拾的地步。为此，班主任必须提前加强思想教育，用一分为二的观点对他们做全面的分析，尤其要帮助他们克服缺点。

（二）委婉暗示

当发现某些尖子生表现出在同学中好逞强，在名利面前斤斤计较等心理障碍时，班主任应及时指出。但是指出时要委婉巧妙，切忌点名道姓。苏霍姆林斯基说过："真正的教育是自我教育。"尖子生自尊心特别强，各方面能力也强，教师对他讲的道理，他也懂。因此，他们不容易接受外界的直接忠告和批评，排他性和自我管理的愿望强烈。有时，直接的说教越严厉，他们的逆反心理就越强。所以，最好对他们委婉暗示，使他们自己意识到自己的缺点，自己感觉到改正缺点的必要，以此产生自觉自愿地弃旧图新的动力。

（三）个别谈话

有些尖子生对教师的委婉暗示不一定能意识到，显得"执迷不悟"。这时，班主任就应找其个别谈话，谈话交流时，先明确指出尖子生的心理弱点所在，然后"晓之以理，动之以情，循循导之"。给尖子生提供改正的途径和方法，引导他们学会用一分为二的观点分析自己和看待别人。对待自己，既要肯定长处，也要勇于否定短处，在不断的肯定和否定的过程中，求得进步；对待别人，要多看长处，以别人之长，补己之短。让他们清楚地懂得"山外有山，楼外有楼"，优秀的、杰出的人才多得很，只有虚心向他们学习，不断进取，才能日益提高。

（四）书面交流

考虑到有些尖子生自尊心较强、爱面子，谈话交流有时不一定能了解到他们的真实想法，这时可以鼓励他们将自己的心理状态以书面或日记的方式写出来，然后认真、热情地回信对其加以劝导。这样既可以避免面对面的尴尬，给学生留下宽松的心境，又能有效地解决问题。比如，某生在原来学校每次成绩都能名列前茅，而进入新学校后的几次考试却只能位居中等，且呈下降趋势，于是在日记中就流露出悲观消极的情绪。他的新班主任就在他日记中写道："心态比名次更重要，人生的价值不只是体现在名次上，只要你能正确地认识自己，把自己的水平发挥出来，你头上的阳光也很灿烂。"通过这样的交流，该生又重新树立自信，摆脱了心理上的干扰，成绩不断上升。

（五）严格要求

班主任对待尖子生，往往是倍加爱护、宠信，容易产生偏爱而忽略了对尖子生的严格要求。偏爱这种感情常会影响人们对客观对象的正确认识。班主任对尖子生的偏爱，会主观地扩大他们的长处而看不到他们的缺点和弱点，从而降低对他们的要求。即使发现他们存在一些缺点和弱点，也会采取宽大原谅的态度而不及时指出，怕挫伤他们的自尊心和积极性，影响班级工作的进展。这样下去，只能使他们"优"不起来，失去老师和同学们的信任。

为了使尖子生更上一层楼，需要班主任对尖子生的要求更严格，要经常提醒优等生注意"自省"，用自己的短处去比别人的长处。当着全体同学面向尖子生颁奖时，要号召同学们学习尖子生；而颁奖之后，则要及时找尖子生谈话，帮助他们找缺点，鼓励他们向更高的目标前进。高尔基的一段名言说得好："一个人追求的目标越高，他的才能就发展得越快，对社会就越有利。"作为班主任，要求学生做任何事情应该给自己一个较高的目标，只有这样，才能获取强大的动力，才会更加严格要求自己，争取更大的进步。

（六）关爱他们

严格要求必须是在关爱他们的基础上进行。没有爱的教育是不健全的教育，离开了情感，一切教育都无从谈起。别林斯基说过："充满爱的语言，使无可反驳的劝说好似熊熊烈火发出的光和热，而听到这种语言，心中感到暖洋洋的，会让人心情舒畅；但缺乏爱的语言，会使颠扑不破的一些真理，搞成冷酷的、僵死的训诫，而使语言对意识和情感的影响显得软弱无力。"因此，班主任首先要对学生充满爱心，和学生处于平等的地位，做他们的朋友。对尖子生尤其要采取"和风细雨"的方法，做耐心细致的思想工作，以情感人，以理服人。切忌措辞激烈的批评，更不允许采取粗暴、压制的办法。

（七）全面发展

在对尖子生进行表扬时，不要将表扬的重点放在尖子生的成绩方面，而应有意地淡化对他们成绩的关注，转而更多地关注尖子生各方面的情趣，发展他们的特长，促使他们全面发展。培养尖子生多方面的爱好、兴趣非常重要，在2012年高考前夕就接到美国13所重点大学录取通知书的长沙市一中高三学生左亚琪就是一个很好的例子。她参加美国高考2400分考了2100多分，在同类学生中特别拔尖。对于自己的成功，她认为丰富的活动经历、才艺、坚持和热爱为自己加了不少分。左亚琪说很小的

时候就把"去美国读大学"当成了自己的目标，自己一直都为此努力着。除了把学习搞好，她还积极参加各种活动，这些活动几乎花去了她所有的课余时间，但这并不影响她的成绩，反而锻炼了她各方面的能力，发展了她的特长。

无独有偶，武汉育才高三(8)班曲芸瑶在高考前参加了美国高考，成绩在同类考生中只是中上等，却收到了6所美国重点大学的录取通知书。她被美国众多名校相中的，应该是她分数之外的能力。曲芸瑶在高一寒假就和她的团队一起到医院为农民工患者和癌症晚期的患者进行看护服务。这一名为《天使的翅膀》社区服务项目，后来被作为经典案例，选入湖北省《高中社会实践活动》教材。高二暑假，曲芸瑶和几个异地学友到湖南农村支教，她的表现受到师生和家长的好评。在研究性学习当中，曲芸瑶和她的团队做了一个《身边的食品安全》的调查，其成果在全省新课程改革现场交流大会上进行了交流。而这三项成果，都是曲芸瑶提交大学申请的重要资料。曲芸瑶这样的"课改达人"能受到美国名校的青睐，一方面说明中国教育课改方向的成功，另一方面也提醒了众多教育工作者，尖子群体的培养途径很多，传统的要求尖子学生头悬梁、锥刺股的方式已不适合当今时代，越是在学业上施压，尖子生就越难冒尖，反会滋生出许多心理问题。教师对学生的心理干预应与时俱进，适应时代发展的需要，做到科学、合理、适度、有效。

总之，班主任对尖子生的心理问题和情绪问题要及早发现，采取有效措施及早干预，这是一项很复杂的系统工程，需要学校、教师和家长相互配合，为尖子生群体提供适合他们发展的自主时间和自由空间，加强他们的课余生活和社会实践活动，发展他们的兴趣、爱好和特长，而不是唯分数是重。社会也需要为尖子生的成长提供合适的土壤，譬如提供更多的优质教育资源，化解激烈的名校竞争压力；改革高考，淡化分数意识，减少应试教育的负面因素；强调综合素质，将之纳入考核范围，推进素质教育等等。

第三节　厌学问题

　　中学时期是学生长知识长身体的黄金时期，也是他们世界观、人生观逐渐形成的关键时期。中学生厌学是青少年学习生活中，教师与家长经常遇到的一个不容忽视的现象。它是由学生对所学课程或授课教师产生心理不相容而形成的消极情感的外泄。具体表现为：对学习无兴趣；上课注意力分散，不认真听讲；思维缓慢、情绪消极；作业拖拉马虎、敷衍了事；学习效率低下；考试及作业错误率高；学习不主动等。长时间的厌学，会使学生把学习当成一个沉重的负担，从而造成很严重的后果，也会使家长非常苦恼。

　　众多调查数据显示，目前有相当比例的中学生存在厌学情绪，厌学情绪发展到一定阶段会演化成厌学症，厌学症对青少年的生理、心理健康具有极大的危害性，具体表现为：一个学生的厌学情绪很有可能会蔓延到整个班级乃至全校，影响班级或学校良好风气的形成和教学秩序的稳定；学生自由支配的时间过多，心里想到的就是"玩"，结果是越玩越不想好好学习，导致恶性循环；他们一切以"自我"为中心，对集体的事不闻不问，对不良现象视而不见，充耳不闻，明哲保身，不求大过；厌学的学生大多与社会接触过多,容易被社会不良风气所诱惑,讲吃穿,图享受,攀比成风,错误不断,甚至走上违法犯罪的道路。

一、典型案例

某中学初二年级学生王某,对学习无兴趣,上课不是趴在桌子上睡觉就是思想开小差,或者大声乱插嘴,上课时,虽然不做任何小动作,但是不看黑板,不看书,不做笔记,老师提问时一脸的茫然,甚至根本不知道老师提的什么问题,经常旷课、迟到,找各种借口请假不上课,经常忘带书本和作业,时有抄袭、拖拉作业或者干脆不做作业的现象,从来不复习或预习功课,对于老师的批评教育充耳不闻,甚至顶撞老师。由于任课老师经常批评该同学,其他同学极少与他交往,而且普遍讨厌他,仅有个别其他班学生与之为友。该生常伴有自暴自弃的心态:"我就是读不好书了,我就这样了。"对学习有一种说不出的苦闷感,一提到学习就心烦意乱,想发火,有时逃学去打电脑游戏。

(一)问题解析

小王同学的学习无动力,无兴趣,不认真,不努力;学习习惯差,上课注意力不集中,作业马虎,没有预习复习习惯,作业拖拉等。对学习有明显的厌倦情绪,也就是厌学问题。

导致小王厌学的原因主要有:从家庭方面来看,其父亲是个体户,母亲倒三班,没有空余时间关心小王。父亲对孩子的要求很高,希望他将来能有个好出路,不要像自己一样。但是父亲教育方法粗暴简单,使孩子个性倔强又很自卑,对自己评价较低。从他本人来看,小王学习目的不明确,对学习活动不感兴趣,自我控制能力差,缺乏自信和勇气,环境关系和人际关系导致他产生心理困扰。在学校他认为老师同学都不喜欢他,故意与他作对，从而导致厌学，甚至逃学。

（二）解决策略

1. 班主任从赏识开始与其进行思想沟通

小王厌学，但电脑游戏很精通，班主任赵老师与其第一次谈话就从电脑游戏开始谈起："听说你电脑游戏很精通，是玩游戏的高手，跟谁学的？"他说："我自己上网玩得多了就会了。"赵老师流露出赞赏的神态，点头说："哦，原来你这么聪明呀，以后老师不懂的你能教我吗？"小王显得有点疑惑，问："真的？"赵老师看着他，认真地点头说："真的。"小王这时显得有点兴奋，话匣子就打开了，从各类游戏讲到家庭环境，从而更了解到他的爸爸只要一听到学习成绩不好或他在学校出事情，就不问青红皂白地打他。赵老师用手摸摸他表示同情，又用语言安慰他，又问："那你是怎么看待学习的？"小王："我觉得学习没劲，要做很多作业，还要考试，很苦很累，再说我不做作业，有时候也能考出好成绩。还不如有时间干自己喜欢的事。"赵老师进一步问："你说读书很苦很累，你能说得更具体些吗？"小王："我也说不出，反正就觉得苦，觉得累。""你如果跟二万五千里长征时的红军相比，你觉得比他们苦、比他们累吗？"这时小王有点羞涩，轻轻地说："那肯定比不上。"赵老师直截了当地问他："你的苦和累是不是指你一看书做作业就觉得头痛？"小王点点头。赵老师又问："你说你不做作业也能考好试，那你考好了几次，多少分？"小王这时有点难为情，低下头说："就一次，语文考了61分。"

谈话进行得很顺利，接着赵老师就给他分析了这次考得好的原因是因为作文切题才及格的，而学习觉得苦累是因为长期不认真学习，沉迷于游戏，对学习失去兴趣，造成了厌学。通过分析客观事实，使这位同学形成新的正确的认知和情感。后来又继续询问了他和老师同学间的关系。

通过几次交谈，了解到其父母的简单教育不但没能使他明辨是非，反而使他与老师、学校产生了对立的情绪。这次谈话让他也意识到自己存在一些非理性信念，只有改变自己的不合理想法并代之以新的想法，才能增强自己学习的兴趣。所以以后进行谈话辅导的重点是放在对不合理信念的识别、领悟方面，学会区分理性与非理性信念，逐步建立良性认知模式。

2. 班主任与家长进行沟通，引导家长走出家教的误区

家长对孩子的不良教育方式，往往是孩子产生重要问题的原因之一。班主任要引导家长不要对孩子提出过高的要求，当孩子不能轻易获得成功、体验成功的成就感时，往往容易引起孩子的畏难和厌倦情绪。事实上，由于智力和非智力因素的差异，每个孩子都有自己的"最近发展区"。家长应尊重客观事实，尊重孩子的个性发展特征，不应非理性地要求跨越发展。家长提出连孩子跳一跳都够不着的目标，自然会刺激和破坏心理平衡，导致他们产生厌学、逃学、弃学，甚至离家出走的心理。应正确评估子女学习状况，帮助他们确定既能达到又能不断超越的学习目标，实施梯度发展策略。

3. 班主任与其他老师沟通，帮助其提升自信心

学业不良是厌学的重要原因，教师要帮助该学生打好基础，逐步提高其学习兴趣和学习成绩。班主任赵老师与其他的任课老师进行沟通，让任课教师在课堂上提问他回答一些简单的问题。正确率的提高，使他的学习自信也有了很大程度的提高。同时，赵老师还在班级中挑选两个读书好的学生跟他做朋友，在学习上帮助他，使他感到同学的可亲，集体的

温暖,从而进一步去除他的厌学心理。

4.班主任赵老师对小王加强学习的指导

该学生正处于一个心理萌动时期,生理、心理都在急剧变化并趋向成熟,在这一时期,道德的、认识的、情绪的、兴趣的、自我的和性的变化同时发生,而每个学生都有发展的潜能,班主任要帮助他们克服对人事的片面看法,帮助他们面对纷繁的环境,培养起自主性、主体性的观念。针对小王好胜心强和意志力弱的特点,要特别注意启发他的自觉、自制,培养其自立、自律、自强的能力,指导他制订计划,引导他为实现目标而脚踏实地地行动并形成习惯,及时反馈,赋予责任,强化动机,是培养良好习惯、提高厌学学生自信心的方法。

此外,赵老师还注重改善该生的人际关系,赵老师在组织一些集体活动时,尽量让小王参加,使其与同学协作、沟通,消除他的自卑心理。

(三)结果与反思

在老师、同学的共同关心下,小王不交作业的现象渐渐少了。在家里也会复习功课了。看到他的进步,他父母非常高兴,说将进一步配合老师,使他进步得更快。

反思:

1.孩子的健康成长离不开父母,家庭环境和构建学习型家庭是现代家庭教育的重要环节。父母要尽可能多与子女接触,尽可能多教会他们一些做人的道理,对他们的学习要多关心;尽量做到每天关心他们的学习情况,让孩子心理上有种紧迫感。如果发现孩子成绩有所下降或是出现违纪现象,不能简单粗暴地斥责或打骂他们,而应耐心与他们交谈,帮助他们分析成绩下降的原因和违纪的严重后果,使他们认识到错误危害;平时多与学校联系,及时了解孩子在校时的学习生活情况,配合学校对孩子进行教育。

2. 教师要根据学生的特点,因材施教,寓教于乐,利用丰富多彩的教学形式使原本枯燥无味的知识变得生动有趣,从而激发学生的学习兴趣。班主任对于有厌学情绪的学生不能不闻不问,更不能横眉冷对,厉声呵斥,那样只会让他们产生逆反心理。此外,班主任还应该多与他们交谈,找到他们厌学的根源,帮助他们找回学习的自信和兴趣。

二、中学生厌学的原因

中学生厌学的原因很复杂,综合起来,可以从以下几方面来进行分析:

(一)社会因素

1. 社会大环境冲击着家长和学生的思想意识及价值观。改革开放以来,随着社会主义市场经济体制的建立,人们的日常经济生活和政治生活都发生了巨大的变化。"知识"价值的体现也尚未被社会充分认可。社会上出现的拜金主义和享乐主义对他们的思想意识产生了消极的影响。有些学生由于耳濡目染了"暴发户"家长或周围人群的所谓潇洒的生活方式,对自己的学习目的产生了不正确的认识。

2. 低俗文化的传播对学校教育产生了强大冲击。社会上的不健康思潮、不良行为和不正之风,加上西方社会的精神垃圾以及乘虚而入的丑恶现象,无时不在危害青少年的身心健康。由于中学生的年龄特征决定了他们活泼好动,易接受新事物,易受外界影响,而又缺乏较高的是非分辨能力。当低俗文化成了学生的追求时,必然会影响到他们对学习的追求和兴趣。

3. 校园周边环境差乱。不容忽视的是，不少游戏机室就开在校园附近，网吧、电脑房也随处可见。校园门口摆设的桌球摊点和夹带黄色内容的书籍、卡通片比比皆是，吸引学生消费。中学生又不具备科学的分析能力和自我约束能力，很容易沉迷于这些无聊的活动中，结果往往使学生忽视了学习，这也是现在学生出现厌学心理的一个不可忽视的原因。

4. 社会更加激烈的竞争给学生心理上造成的影响，即高压力产生的负面效应。压力过大，孩子没有时间休息、娱乐，因此学习没有兴趣，缺乏学习的主动性和积极性。这是出现厌学心理的又一个很重要的原因。

（二）学校因素

1. 中学教育还存在重应试、轻素质的现象。现在还有不少人认为"分数至上"，为了抓"分数"，而忽视德育、体育、美育、劳动技术教育，在智育中又只注重与升学考试有关的科目，导致学生畸形发展，面临升学竞争压力，心理负担加重。

2. 外界的功利评价左右了教师的教育思想。学校办学思想很大程度上左右了教师的教育教学行为，很多中学教师心理压力很大，这些压力主要来自社会、学校领导、家长等方面，结果导致许多教师，尤其是班主任，为了在评价中获得好成绩，无形中给学生增加了不少压力。一些班主任只重视成绩的不断攀升，忽视学生的能力培养与个性发展，造成大多数学生感到学习是一件痛苦的事，产生很大的厌学情绪。

3. 学生的学习负担过重。现在的中学生，有相当数量是早晨6点钟起床，一天要上八九节课，中午被困在教室接受教师的"补充"讲评，下午五六点钟才能回家，晚上还有三四个小时的作业要做。双休日要参加各种

"提高班"、家教，有着做不完的作业和应付不完的考试，很少有节假日，这样的负担就是成人也难以承受。学习负担过重已经成为学生学习痛苦、产生厌学情绪以及对学习丧失兴趣的主要原因。学校片面追求升学率，忽视对学生学习兴趣的保护和培养。很多学生还没有真正领略到学习所带来的快乐，而从一踏进学校的那刻起就背上了沉重的课业负担，长期被动学习带来的只能是逆反心理状态。

4. 部分教师教学水平偏低。教师不注重教材、教法和学生心理的研究，不根据学生的实际状况，采取有效的授课方式，调动学生的课堂兴趣。而是将学生置于题海之中，结果大量的机械式的作业使学生感觉到自己就像机器一样，整天忙忙碌碌而压抑了学生的求知欲和好奇心，使学生形成了逃学、弃学、不愿学等消极行为反应模式，厌学情绪愈来愈重，最终导致厌学症的形成。

（三）家庭因素

1. 父母的过高期望影响。父母"望子成龙"、"望女成凤"心切，他们不考虑孩子自身的学习天赋条件，对待孩子的学习和成长，提出过高的要求。一些学生小学时成绩较好，父母的期望值过高。事实上，中学的学习内容增多，难度加大，分数降低本属正常之事，但父母的过高期望会使孩子心理压力大大增加，家长人为地把子女的学习与痛苦体验联系起来。当孩子意识到无论如何努力都达不到这种期望值的时候，他就会放弃努力，产生厌学心理，严重的出现较明显的厌学现象，对学习失去兴趣，觉得学习就是为了应付父母对自己的要求。

2. 家庭不良教育方式影响。父母对孩子的成就评价方式极端化，他们只重视眼前的成绩，无法冷静、客观地以长远的眼光去对待自己的孩子,整日以压力、唠叨去驱使孩子,完全忽视孩子的心理感受。当孩子达到他们所要求的目标时,就不惜"重金"满足孩子的欲望;而当孩子"不争气"时就冷眼对待,或放任不管,这都会对孩子的学习心态产生不良影响。

(四)个体原因

1. 学习能力薄弱。部分中学生在文化学习方面先天不足:智商不高、能力缺乏,这类学生往往学习时注意力不集中,不能把新旧知识联系起来进行学习;或者只会死读书,无法将学到的知识正确、合理地表达出来。这样,面对日益繁重的课业内容,自然产生厌学情绪。

2. 个性特点不良。如意志力薄弱,一些学生上了中学后学习环境发生改变,面临新的挑战,由于心理适应能力差,在挫折和失败面前无法正视自己,丧失自信心,消极地对待学习,从此一蹶不振。

3. 学习行为盲目。中学生学习目的不明确,缺乏内在学习动力。有老师曾经在一堂英语课上提问:"你为什么学习英语?"结果近80%的学生表情很无奈,他们也不知道为什么学校要他们学习英语,个别学生的回答是"因为有英语考试"。这种为考试而学习的想法其实在学生中是很普遍的,他们根本就没意识到现在所学的学科对将来自身发展的重要性,学生失去学习兴趣是很自然的了。

三、解决学生厌学的措施与对策

(一)充分发挥学校、教师的主体作用

1. 学校内部要转变评价观念和课程结构

学校以分论质、唯分是求的做法必然导致教师教育行为的偏差。只用文化考分就把学生分成"优生"与"差生",是片面的,也是很不科学

的。其实每个学生都有潜能，都有自己的长处，只要适合他们的学习内容和学习方法，他们都能学好，都可以成为对社会有用的人。现代教育应该适应并能促进每一个学生的发展。这就要求增加学校课程的多样性、层次性和选择性，从而增强学校教育对学生的适应性，让每个人在这个大千世界中能找到自己应有的位置。只有这样的教育，才会让每个学生对学习产生浓厚的兴趣，感受学习的成功，避免厌学的情绪产生。

2. 发挥学校各种力量，营造良好的学习环境

学校通过日常各种适合每个学生个性展示和能力发展的活动，培养他们的主动性，并使其在良好的集体环境中形成正确的人际关系。加强校园文化建设，积极开展有益于青少年身心健康的文体活动，如举办多种类型的文艺体育比赛，举办特长培训班，开展各种社团活动等等，营造良好的学习氛围和环境。这种良好的氛围和环境能够无声地起着教育人、改造人和鞭策人的作用。

3. 重视班主任队伍的建设，强化其主体作用的发挥

班主任是学校最基层和最直接的学生思想政治工作者。一个班的班风和学习风气如何，很大程度上取决于这个班的班主任。班主任的素质高，工作责任心强，学生思想工作做得深入扎实，这个班学生的"厌学"现象肯定会少，学习风气肯定会好。因此班主任必须花大量的时间和精力做学生的思想政治工作。

4. 加强课堂教学研究，切实提高课堂质量

古人云："亲其师，信其道。"学生只有对教师无比信赖和崇敬，才会喜欢教师所教的这门课程。前面在分析中学生"厌学"的原因中，其中一条是教师不能根据学生的实际状况，采取有效的授课方式，调动学

生的课堂兴趣。尽管教师学识渊博，在讲台上讲得天花乱坠，但有些学生还是不愿听他的课而产生"厌学"情绪，结果是教师埋怨学生难教，学生则埋怨教师授课听不懂。解决问题的方法是：因势利导，因材施教。教师要了解各个年龄段学生不同的心理特征和所教班级的班风、学风，采取相应的措施和教育方法，努力激发学生的学习兴趣和求知欲。教师要与学生建立相互理解、相互信任的良好的师生关系。要正确地选择教学方法，在课堂上不能简单地告诉学生答案，而应该提示解决问题的方法，进行学法指导，使学生学会自己思考，自己消化吸收。教学双方有了良好的认知基础，学生自然学得起劲，学习的积极性也会逐步提高。

（二）须得到社会的大力支持和配合

政府领导要建立和完善教育目标管理责任制，树立起两个文明一起抓的现代社会发展观，努力营造良好的社区环境，净化学生生活的社会环境。网吧、网络游戏、电子游戏厅、歌舞厅等娱乐场所对中学生的诱惑力是巨大的。中学生正处在世界观、人生观逐渐形成期，一旦迷上此类场所，必将无心于读书，最终浪费了大好时光，遗憾终生。所以作为政府要协调社会各方管理力量共同治理学校周边环境，整顿娱乐场所，努力消除由此而带来的不良影响。

（三）良好的家庭教育是防治厌学情绪的重要保证

尽管学校和社会已经为防治厌学现象做了很大的努力，但良好的家庭教育是防治子女厌学情绪的重要保证。面对孩子的厌学，家长们该如何防治呢？

首先，家长应注意自己的行为习惯及生活方式。家长是孩子的"启蒙老师"，家长的一言一行在无意之中起到了潜移默化的作用，家长对学习的态度、学习行为习惯及生活方式等多会在子女身上有所体现。家长乐学好学，孩子受到这种学习氛围的熏陶，自然乐学上进。其次，家长应正确估计子女的学习能力。前面说过家长对子女过高的期望值往往会产生负面影响，结果南辕北辙。因此家长首先应冷静分析自己子女的天赋条件，事实上"三百六十行，行行出状元"。家长应努力让孩子体验到学习的快乐。

总之，要让孩子从苦学、厌学变为喜学、乐学，需要家长循循善诱，耐心指点，家长要讲究引导方法。因为这个时期中学生的一个典型特征就是逆反心理较强，如果家长采用简单粗暴的处理方式，不仅不能很好地达到教育的目的，而且容易引起孩子的反感和逆反，将矛盾激化，这样不利于问题的解决，更不能达到消除孩子厌学心理的目的。

第四节　偏科问题

目前，很多中学生偏科现象十分严重，偏科一般是指学生特别喜欢某一门或几门功课，而且成绩较好；同时不喜欢某一门或几门功课，成绩让教师、家长失望。关于偏科现象，成都教育考试院相关部门就曾对成都市的部分初三学生进行了生活状况抽样调查，调查显示初三学生普遍存在偏科现象，调查中有77.4%的初三学生认为自己偏科，其中15.4%的学生认为自己"偏科严重"，只有不到1/4的学生认为自己目前"没有偏科"。进一步询问偏科原因时，43.75%的学生表示主要是自己对学科内容不感兴趣。

对于存在偏科现象的同学来说，大部分在所偏科目的课堂上不认真听讲，有的学习自己所爱好的学科，有的看小说，有的聊天，甚至睡觉，表现出一种典型、严重的隐性逃课，这更会加剧偏科状况的发展。因此，偏科现象的危害十分严重，轻者会对学业成绩产生消极的影响，重者影响学生的发展，甚至辍学，并且矫治困难。

一、典型案例

初一年级女生小雪语文成绩特别棒，她特别喜欢看书，课余时间几乎都用来看各种书籍，曾经在读小学时就有一些小文章在报纸上发表，进入中学以后，作文更是经常被老师作为范文在班上朗读，同学们都称她为"小作家"，小雪非常高兴。然而，经过一年下来，几乎与作文一样"闻名"的是她的数学成绩，一直在全年级倒数几位，数学差也连累了物理。每次考试成绩下来，她的语文成绩几乎是全年级最高分，可是数学、物理成绩都很差，总成绩就落到了后面，这令她十分伤心。更为严重的问题是，小雪在学校里面只想上语文，想到理科就头疼，不愿意听讲，甚至想"逃跑"。平时数学作业也不愿意做，更不用说花多余的时间去学习数学了，上数学课有的时候偷偷看其他书，有时候溜号，总是提不起精神来，数学老师经常点名批评她，有时候还会训斥她，但也没有什么效果。渐渐地，她连见到数学老师都躲着走。

（一）问题分析

小雪的问题就是出现了严重的"偏科"现象，该学生形成偏科主要有以下原因：

1. 对学科的好恶不同。喜欢某一门学科，学生就会勤奋努力学习。相

反，对某门学科没有兴趣，其主动性、积极性也会大打折扣；小雪平时爱看书，语文成绩较好，所以她就更喜欢语文，而平时对数学没有关注，数学成绩也不好，自然就更不愿意学数学了，因而成绩越来越差，形成恶性循环。

2. 老师的影响。如果某一学科的教师对待孩子态度过于粗暴、简单，孩子就会对老师心生反感，进而将这种情绪迁移到该老师所教的学科上，厌恶该门学科而不愿学习；当任课老师发现学生偏科时，不要一味地训斥批评，而要有耐心，积极引导，让学生意识到此门学科的重要性，逐渐地增强学习的兴趣。

3. 家长的影响。家长喜欢读书，孩子也会跟着爱看书，这是耳濡目染的影响，对于孩子偏科，家长也要及时进行纠正，带着孩子一起学数学，在生活中也要将数学运用进来。

（二）解决办法

1. 让孩子体验成就感。许多孩子对某门学科怕学、厌学是由于遭受了学习上的失败。班主任应该与小雪一起去分析原因，尽量把学习上的失败归因于平时用功少、不努力，并且要把该门学科的学习目标从易到难地进行分解，一旦孩子达到制订的学习目标，学习有了进步，老师就要及时给予鼓励、表扬，这样孩子对"薄弱学科"的信心就会随之增强。

2. 帮助孩子做好积极的心理准备。班主任可以用积极的语言暗示孩子，以帮助孩子形成积极的心理准备，这对培养孩子的兴趣、提高孩子的学习效果十分有效。对于小雪而言，要让她意识到她是个聪明的孩子，只要她将时间多一点用到数学上，数学一定会有进步的。

3. 班主任要协助孩子改变与任课老师的关系，让小雪意识到老师的批评是为了让她进步，是恨铁不成钢，让学生明白任课老师的苦心。此外，班主任还要与任课老师沟通，让其经常表扬小雪，尤其是她有一点进步时就及时表扬，这样小雪的数学成绩就会越来越好，整体的成绩也会跟着上来。

4. 引导孩子全面发展，让小雪意识到偏科的危害。同时在不妨碍孩子整体学习的基础上，也不过分限制其对语文的偏爱，而是要把时间恰当分配，去认真学习其他学科。

二、中学生偏科的原因

研究表明，虽然学生个体之间存在一定程度上的智力差异，但这些智力差异并不能完全成为学生偏科的根本原因。造成学生偏科的因素很多，也十分复杂，概括起来，主要有以下几个方面。

（一）学生自身方面

1. 学生对所学科目不感兴趣

中学阶段的学生仍然处在好动好玩的阶段，仍不能很好地控制自己的意志。处于这个年龄层次的中学生，有了自己的兴趣爱好。正因为如此，不少学生开始朝着自己所喜爱的方面发展，而忽视了许多其他重要的东西，偏科也由此而来。随着学习压力的增大，语文、英语等学科的大量阅读量和记忆量，并且又基本上都是枯燥的内容，学生很容易就产生厌烦甚至是恐惧的心理，久而久之就会渐渐提不起兴趣了；而对于数学、物理、化学等学科，虽然上课的时候老师讲的基本上都能弄懂，课堂的练习也基本能独立完成，但是一到考试后，学生常常出现："试题几乎都是老师平时课堂上讲过的同类题，听课时都懂，就是在考场上做不出，算不准。"一旦出现这种"听课易懂做题难"的状况，学生上课的积极性就会受到严重打击，认为上课听不听都考不好，不听也是一样，这样一来，学习成绩自然是一落千丈，成绩越差就越不喜欢这个学科，越不喜欢成绩就越差。

2. 学生学习态度不端正

升入中学后随着学习压力的增大，以及家长、老师、接触的媒体和书籍的影响等，都会使学生的学习态度发生改变，进而产生对某一学科偏好或厌倦的心理。例如有的学生从小就喜欢阅读，语言能力较强；有的同学头脑反应迅速，对理科问题解决起来轻松自如，而对需要大量背诵、书写的文科则感到枯燥无味。因此对不感兴趣的科目，用在上边的时间不多，听讲不好，作业糊弄；而在感兴趣的科目上下功夫则多，进而造成不同科目成绩上的差异，形成偏科。

3. 学生偏科后的特殊心理

学生偏科后，最容易出现两种心理：一是哪科弱就"怕"哪科老师，这样只能导致基础较差的学科越落越远；二是"以优势补弱势"心理，有的学生觉得自己只要某门学科上有优势便足够了，不会影响综合实力，恰恰相反，对弱科的忽视只能让弱科更弱，总体成绩降低。面对这种现象，就需要班主任、任课老师、学生树立共同的观念，鼓励学生重新树立起学习信心，确立切合实际的总目标和分目标，使他们具有勇于挑战弱科的斗志。因此，学生要对弱科主动出击，把更多精力投入到"治薄、补弱"上，包括主动请教老师，和老师多交流，改善学习方法等。

(二) 教师授课方面

教师授课是学生获取和提升知识的一种方式，一个教师的授课水平直接影响到学生上课的心态。

1. 讲课枯燥无味,教学无艺术性

这部分教师主要集中在学历层次较低以及年龄偏大的中老年教师队伍中,由于对本学科前沿动态跟踪不灵敏,对边缘学科和交叉学科知识知之甚少,导致上课呆板,照本宣科,缺乏艺术性。久而久之,学生认为听不听课无所谓,反正书本上都有,致使学生丧失认真听课的积极性。

2. 讲课方式落后

多年来,许多教师仍然习惯于一支粉笔、一本讲稿、一块黑板的讲课方式,授课方式单一,知识老化,使学生失去听课的兴趣,于是干脆不去听课,转而学习其他感兴趣的课,或者干脆睡觉。

3. 教师与学生之间心理上的不协调

教师与学生之间心理上的不协调有很多原因,其中很重要的一点就是情感距离和在人际知觉上的偏见。情感距离是指教师与学生在情感交流上的差距,教师与学生在情感上产生距离的原因,一方面是由学生心理定式造成的。有的学生尤其是成绩较差的学生,由于种种原因不愿或不敢与教师接近,而采取敬而远之的态度。另一方面是由教师自身造成的。有的教师有意将自己置于居高临下的地位,时刻保持尊严与威信,过于严肃,不苟言笑,使学生感到难以接近。这种做法,阻碍了两者之间的情感交流。有的教师无视学生的人格和自尊心理,对学生冷若冰霜,动辄训斥,致使学生心理上与教师疏远,甚至产生逆反心理。在反感情绪支配下,思想不能集中,反应比较迟钝,学习成绩每况愈下,抵触情绪愈加强烈,造成恶性循环。

（三）现行的考试制度的影响

初中生要考高中，高中生要去过"独木桥"考大学。在这一系列的考试中，中学生都需要努力去获取高分数，为获取高分数，中学生就腾出不考科目或分数所占比例少的科目的时间去学"重点科"。如此，初中生常不愿学地理、生物了，高中生也不去学微机了，都去专攻所谓"重点科"——语文、数学、英语去了。如此出现了偏科现象。

此外，还有教育部门对教师奖惩制度的影响。工作在第一线的教师都知道，每次的福利、晋升、教好班或差班都与教师所教班的成绩相挂钩，如此，哪个老师不想把自己所教科目的成绩提高呢？他们所关心的是，期末考试如何想方设法提高考试成绩。在这种情况下，哪个老师有"威信"、哪个老师有"办法"，学生就偏重于学哪个老师所教的学科了。

（四）家长的误导作用

每个家庭的教育投资都希望自己的孩子成才，而多数家长的所谓成才就是考上重点中学，直至考上重点本科院校，忽略了成才之路千百条。为达到预期目的，他们就向孩子灌输"重点"学科、"次要"学科的思想，至于其他学科学得好坏无所谓。许多学生受父母的影响，如此出现偏科现象。

三、班主任纠正学生偏科的对策

无论是何种原因造成的偏科，作为班主任都要采取有针对性的措施对症下药，努力改变学生的偏科现象，力争提高总体成绩，使学生全面发展。

（一）引导学生端正认识

现代科学发展的总趋势是不断走向综合，包括高考也在逐步增加综合学科的比重，现在的考试比较强调各科之间的联系，如高考科目中的综合科目，若存在偏科，必然影响到综合题目的理解和解答，这会严重影响考试成绩。因此，学好初中阶段的各门学科是获得全面发展的基础。况且，各门学科都是相通的，一门学科学得好，有助于其他学科的学习；一门学科学不好，也会影响其他学科学习的进步。如果数学没学好，物理、化学也就难以学好；如果语文中阅读理解能力差，数学题意都难以搞明白。

因此，学生一跨入中学就要时刻提醒学生不能偏科，并让这一思想扎根于学生脑中，从而减轻偏科的严重性。学习不能只抓一两门自己喜欢或认为重要的学科，而应学好每一门功课。让中学生意识到偏科还会造成文化素质的缺陷，导致影响到今后个人的发展。

当然，反对偏科并不意味着不能有自己的优势学科。在各门学科学得较好的情况下，可以根据兴趣和特长突出抓好优势学科的学习。在学好一般课程的基础上，应该对某一功课有比较深刻的了解，这样可以为以后在某个方面有所成就或选择职业奠定基础。

（二）培养学生对薄弱学科的兴趣

有的同学对某些学科不感兴趣，这就要求班主任要注重培养偏科学生学习这门学科的兴趣。有了兴趣，自然容易学好，可以将对其他学科的兴趣迁移到这些学科上来，认识到这些学科的重要性，可以培养其对学科的间接兴趣。同时，薄弱学科的学习基础较差，因此要注意复习旧知识，打牢基础。此外，有的同学是因为学习方法不当，造成有些学科没有学好,可以向代课教师或学习优秀的同学请教学习方法。最重要的是,对薄弱学科倾注更多的时间和精力,多下功夫。"只要功夫深,铁杵磨成针",只有用功学习,才能将薄弱学科学好。

（三）教导学生与任课教师处理好关系

有的学生与任课教师闹别扭,不愿意学习这位教师的课,出现偏科,只能自食苦果。当与教师发生矛盾冲突时,班主任要引导学生多站在教师的角度想想,应该多一份宽容和理解,形成良好的师生关系。当复习遇到疑难问题时,要虚心向教师请教;多和教师谈谈自己的学习状况,请教师给予指导和帮助。如此,学生就会越来越喜欢他讲的那门课,愿意努力学好它,就肯定会取得理想的成绩。

（四）加强对学生学法的指导

班主任要加强学法指导,把学生真正作为学习的主体。不同的学科,有着不同的学习方法,弥补不同学科的难易程度也不同,对记忆较多的文科处理起来容易;对需要平时积累的学科处理起来困难些,如数学、英语。对这样的科目老师要认真分析漏洞,并告知学生,学生也要自查,然后打"歼灭战",即集中大量的空闲时间,先把知识点过一遍,再大量地练题,而且每道题必须过关,有一道不懂,问老师(或同学)一道,不能有喘息的想法,这种方法比较奏效,特别是数学、英语、物理、化学科目。

此外,班主任还可以通过设立学习目标管理卡,让学生制订总目标和分段目标,使自己有努力的方向和前进的动力,更主要的是能自我把握,力求各科平衡发展。偏科学生普遍表现出对薄弱科目缺乏信心,望而生畏,少读或干脆不读。就需要教师、家长、学生树立共同的观念,鼓励学生重新树立起学习信心，确立切合实际的总目标和分目标。当他们获得一点进步时，教师应充分地肯定和表扬。只有这样，他们才能充满自信，勇往直前，不断进步。

　　总之，面对偏科的中学生，班主任老师要正确对待他们，不要歧视他们，让学生充分认识到偏科的危害性，然后共同找准方法歼灭，相信中学生的偏科现象的严重程度是可以降低的。

第五章　行为"问题"生

不管多调皮的学生，他往你跟前一站，当班主任的就得学会钻到学生心里去，钻到他心灵世界中去，真正地去爱他，尊重他，理解他。

——魏书生

第一节　暴力问题

中学作为青少年成长的摇篮和教育场所，对青少年的身心发展、能力培养、性格爱好与习惯形成具有巨大而深远的影响。然而在中学这个组织中难免会存在不协调、不和谐因素，由于这些不协调、不和谐因素会造成中学校园暴力的发生。近年来，各地中学不断出现了一些暴力事件，校园暴力已成为一种不容忽视的社会现象。在我国城乡中学校园内，以打架斗殴、欺侮学生、勒索钱物、残害师生为典型表现形式的校园暴力行为有蔓延发展的趋势。

校园暴力可以称之为学校安全教育与管理的顽疾，层出不穷，屡禁不止。尽管学校三令五申强调打架斗殴事件的危害性及严惩制度，但一直以来,学生打架斗殴事件屡屡发生,不仅破坏了学校的正常秩序,给学校带来不好的声誉,而且对学生的身心造成伤害,其危害性显而易见。杜绝打架斗殴事件一直是教育工作者的一项重要而艰巨的任务。

一、典型案例

重庆市某中学男生张某,小学时候成绩很好,初一的时候开始和社会上的朋友混在一起,学会了打架斗殴,抽烟,上网成瘾,曾经被社会上不良青年打成脑震荡,后来,自己也经常拿刀砍别人。上网玩游戏的时候玩一天一夜不下线,且都是暴力游戏,性情暴躁,有暴力倾向,和爸爸有一次打架的时候恨不得用刀砍死父亲。和同学老师吵架的时候会有用凳子砸人的冲动。初一的时候还因为打老师,被处分退学。到了另一个学校重读初一,各种恶习不改,又因一点小事把同学打成重伤。

该生幼儿园期间和爷爷奶奶、爸爸妈妈一起生活,受到家人的疼爱。小学时候也是和父母、爷爷奶奶一起生活。后来家里买了房子,离开爷爷奶奶和爸爸妈妈在一起生活。小学时候成绩很好,在全班前十名,父母、爷爷奶奶对孩子的要求都很严格,因为不听话常挨爸爸妈妈的打,有一次被妈妈用木棍打得鼻子出血,爸爸要么不管,要么就以打代教。后来孩子大了以后,以打代教的方式失败,开始对孩子有些放任。曾有一次,因为爸爸强迫自己去读书,遭到儿子拒绝,言语冲突之后,和爸爸对打,当时恨不得用刀砍爸爸,但是由于爸爸力气大,把自己制服了而只能愤懑于心。该生性格暴躁,看到不顺眼的人就想揍人家,和他人冲突的时候便想使用暴力。不管对方是同学,还是父母或者老师,都有种用刀砍或用凳子什么的砸对方的冲动。因为打架斗殴被学校多次警告,且不能从中吸取教训。玩游戏的时候,最喜欢玩的是暴力游戏,对其他游戏不太感兴趣。

（一）问题解析

医学上讲究"查找病因"、"对症下药"。对打架斗殴这样的"顽疾"也应该首先探析学生的心理原因，然后才能有针对性地采取措施，有效预防。张某打架斗殴的原因有以下几方面：

1. 父母管教手段过于暴力，造成子女心理上的暴力倾向

经过班主任的调查了解到，他的爷爷和爸爸都脾气暴躁，喜欢动怒，对孩子管教少，多是以暴力殴打为主，爷爷因孙子不按自己的要求背数学公式而愤怒之下，把玻璃杯砸碎在桌子上，玻璃碎片刺进了孩子的手臂里。爸爸更是要么不管，要么就施以毒打。爷爷、爸爸、奶奶对孩子的教育都粗暴，以打代教，使得孩子从小就在一个暴力环境中长大，小的时候就有了暴力解决问题的认识。长大以后，遇到问题时倾向于以暴力解决。

他经常与社会青年混在一起，称兄道弟，常以打群架、砍砍杀杀为荣，又常沉寂在暴力游戏里，进一步强化了该生的暴力意识和行为；他性格内向寡言，情绪易激动，喜用暴力解决一切；此外，该学生尚未具有明辨是非能力，又缺乏父母的关爱，在外结交不三不四人等，成帮结派，从所谓的"哥们儿"那里寻求到"温暖"，受他们挑唆，参与斗殴、惹是生非。

2. 心理不相容，缺乏处理问题的方法

独生子女的特性决定了大多数学生缺乏谦让精神和包容性，对他人"看不惯"，更严重者当意见发生冲突时，容易意气用事，情绪激动，导致矛盾激化，因争强好胜而大打出手；此外，该生缺乏处理问题的方法，当他遇到问题时，不能采取正当手段维护自身利益，解决问题，常常纠集社会上不良分子，以暴力手段实施报复行为，导致恶性后果。

3.影视媒体、暴力网络游戏的影响

该生经常爱看动作片、武打片，受影视媒体影响，崇拜黑社会"老大"，于是在现实生活中模仿，企望以拳脚"打败天下无敌手"，"天地间唯我独尊"。他还喜欢充满打杀血腥场面的暴力游戏，这样会给他的身心健康带来极为不良的影响。虽然他在游戏中经历对峙搏杀，暂时得到一种快感和乐趣，但也很容易模糊现实和虚幻之间的界线，从而造成真假错位。另外，在游戏的暗示作用下，他会从内心倾向用游戏中简单粗暴的处理方式来解决现实中的问题，严重的会导致犯罪。

（二）转化方案

俗话说，"心病还需心药治"，作为班主任应努力提高心理健康教育的认识和能力，从维护学生心理健康、解决心理问题的角度，有针对性地采取措施，有效预防打架斗殴事件的发生。

1.班主任要帮助该生认识到问题的危害性。让他知道这种暴力性的冲动习惯最终可能导致的结果对自己本身的伤害，长此下去总有一天不是被人伤害就是因触犯刑法而被关进监狱甚至被处决。该生一旦和别人产生矛盾的时候，不管对方是老师还是父母，都有一种克制不住的冲动和愤恨，想要置对方于死地。看到他人的时候，如果不顺眼，也想狠揍对方一顿。缺乏同情心、良知，无视社会的权威，行为模式倾向于冲动性、攻击性和破坏性。这种性格任其发展下去，有可能形成反社会人格障碍，让孩子认识到这种在社会上打打杀杀的生活看起来很风光，但是这种风光是暂时的，不会长久且最不安全。

2.帮助学生加强自身修养，形成正确的人生观、价值观。克服"死要面子，活受罪"的虚荣心理，明确自尊是一个人具有积极意义的品质，

培养科学的自尊。同时加强学生的个性修养,培养豁达大度、克己忍让、热情真诚的优良品质,由"看不惯"转变为"互为欣赏",改善"心理不相容"。

3. 克服侥幸心理。为什么有的学生明明知道打架斗殴是要倒霉的却偏偏又去打架? 其中一个原因就是存在着侥幸心理:"或许老师不会发觉","或许不会受处理",于是头脑膨胀,忘乎所以。为什么因打架受到严厉处分的多数学生不再重犯? 其中一个原因就是有过"切肤之痛",克服了侥幸心理,较多地考虑了行为后果。因此要经常教育学生克服侥幸心理,"要使人不知,除非己不为"。

班主任的工作职责之一就是要让该学生意识到打架斗殴的危害,让学生遵守纪律和社会规范,此外,班主任还要在平时对学生有细致入微的关怀和爱,让学生体会到用温暖、用助人为乐来代替暴力。

4. 学会忍让、避免刺激言行,教会该学生一些控制情绪的方法。当遇到冲突时,他们常常会使用刺激性言语和动作,中学生情绪激动、起伏大,往往因一句话、一个动作刺激,引发打架斗殴。班主任必须专门对该学生进行这方面的教育,让其知道在面对愤怒的情景、想使用暴力的情况下,如何控制自己的情绪,降低内心的愤懑感。班主任还要经常教育学生遇到矛盾时要保持头脑冷静,不能凭一时冲动。一旦发生争吵,并有激化趋势,不要急于辨明是非,先脱离接触,待心平气和以后再解决问题。

5. 注重友谊。让该学生明白,在一起同窗共读是一种缘分,同学之间的友谊是非常纯真深厚的,现在他可能体会不深,但毕业后感受会越来越深。中学生打群架多数是与外班学生,打架时往往是本班帮本班,本年级帮本年级,本校帮本校,其主要原因就是江湖义气,小团体主义作祟。班主任还要经常教育学生区分友谊和江湖义气的界限，要讲友谊，反对江湖义气。

（三）转化效果

该生在经过一段时间的教育后，对自己以前的种种行为有了一个更深刻的认识，法律意识也有所加强。他表示以后好好做人，孝敬父母，让父母感到欣慰，让他们为有这样一个儿子而感到光彩、骄傲。

二、中学生暴力问题的原因

（一）个人因素

1. 中学生缺乏正确的世界观、人生观与价值观的引导。一个人的世界观、人生观和价值观会影响到他的生活态度、精神面貌及为人处世的原则。如果没有正确的世界观、人生观和价值观的指导，行为难免会受到不良因素的影响，从而导致行为出现偏颇。中学生的精神世界极度空虚。因为空虚，他们选择早恋、网络、物欲……甚至犯罪。不少中学生空虚的思想已经被暴力充斥，成为打架斗殴的直接诱因。

2. 中学生法制观念的淡薄。从认识方面看，有些中学生常常把盲目大胆视为"英雄"行为，把打架看作是"勇敢"，还有些中学生认为自己未成年，即使打架杀人也不会承担什么责任，他们对法律认识偏颇，缺乏道德观念和法律意识。在学校中，中学生往往把大部分精力用于学习，很少有时间或精力去关注其他知识的汲取，尤其是法律常识。

3. 部分中学生人格发展的不健全。从性格来看，部分中学生显得外向，善于交际，喜欢热闹，不拘小节，好胜心强，他们的情绪不稳定，缺乏自我控制的能力，容易因为小事产生冲动，易与他人发生冲突。当他们在学习上、生活上、人际关系上遇到挫折的时候，往往不能及时调整好心态，有的人便会产生挫败感乃至自卑感，这种不良情绪如果得不到合理的疏导，极易产生暴力事件，暴力行为成为青少年宣泄自己不良情绪的一种途径。有的中学生虚荣心作祟，死要面子，当面对人际矛盾时，往往处于"骑虎难下"之势，挥舞起拳头，而且这种情势往往取决于围观者的态度，如果看客较多，起哄、叫嚣，那势必造成为"面子"而斗殴；有的中学生因种种非智力因素导致自卑感严重，担心他人嫌弃自己，因而表现出"变态自尊"——因怀疑、敏感而容易在外界刺激下激起愤怒情绪，选择"用拳头找回自我"。

可以看出，中学生的攻击动机带有鲜明的情绪色彩，时常出于愤怒、敌意、不满和嫉妒等消极情绪而发生攻击行为。

4.性别因素。从心理学的角度来讲，青少年攻击行为与性别因素是有关的。对这个问题，要看到社会因素是与性别因素结合在一起发生作用的。我们的成人普遍地希望男性比女性更活跃，让小男孩玩打仗的游戏，还买有象征攻击性意义的玩具如坦克、轰炸机、机关枪给男孩玩，而且在育儿态度和方式上，家长对男孩和女孩也有许多区别，这样，逐渐形成性别因素对青少年攻击性的明显差别，所以在现实生活中，打架斗殴的中学生绝大多数是男生。

(二)家庭方面

1.家庭结构变化。离婚率的上升导致单亲家庭逐渐增多，儿童生活在单亲家庭中，家庭生活的不和谐很容易使孩子感到缺少关爱和安全感，从而形成攻击性人格。

2.家庭暴力。心理学家王家绵指出，家庭暴力是校园暴力产生的根源。父母虐待儿童与其自身在儿童时代所受到的待遇有关，在这种暴力家庭环境中生活的孩子，从小便性格孤僻、偏执和狂暴，经常成为校园暴力的主角。

3. 家庭教育方式不当。研究表明,父母的教育方式直接或间接地影响孩子的性格和行为,尤其是父亲苛刻严厉的教育方式对男孩的攻击行为影响很大。

(三)学校方面

1. 学校德育教育不到位。在素质教育已经成为社会共识的今天,学校本应该以培养德、智、体、美全面发展的合格人才为己任,但在升学率和就业率的压力之下,很多学校往往只重视学生的智育而忽视学生的德育教育。

2. 学校法制教育的缺失。目前很多中学都缺乏法制教育,学生没有在学校内受到很好的法制教育,很多学生根本不懂法,也就无法意识到自己的行为性质及其所产生的法律后果,如何走上犯罪的道路并不意外。

3. 心理健康的忽视。中学生处于特定的成长时期,他们认识问题的能力和自我控制能力薄弱,容易受到周围环境的影响,在这阶段会存在诸多心理问题,逆反心理强,容易冲动,走极端。学校大多重视学生的考试成绩,而忽视对学生的心理健康的重视。

4. 校园治安管理模式存在漏洞。校园治安管理主要依靠校园内的治安保卫部门进行,而学校的治安保卫部门的工作人员由于自身素质的原因,不懂得如何与学生进行沟通,加之本身法制观念不强,会导致在处理校园内治安问题时的处理方式不当,很容易引起学生的反感,同时治安管理的松懈也导致校园治安违纪事件多发。

(四)社会方面

中学生生活在社会转轨的变化时期,市场经济带来的思想意识形态

101

的变化,也使他们受到很多负面的影响。例如,越来越多的游戏场所,网吧、歌厅、舞厅和游戏机室都时刻影响着中学生的学习生活。此外,带有暴力倾向的影视作品、书刊、网页对青少年暴力行为的形成影响很大,致使中学生早恋现象日趋严重,很容易导致争风吃醋,发生暴力事件,这也是发生校园暴力的主要因素。

三、中学生暴力问题的解决对策

(一)关注学生的心理健康,教会学生合理调控情绪

班主任要关注中学生的心理健康,加强学生心理健康教育。通过开展心理咨询、心理问题疏导和心理健康教育,提高学生的心理承受能力和社会适应能力,培养学生良好的心理素质和乐观向上的健康心理,避免学生在遇到挫折时产生过激行为。

班主任还要经常教育学生遇到矛盾时要保持头脑冷静,不能凭一时冲动。一旦发生争吵,并有激化趋势,不要急于辨明是非,先脱离接触,待心平气和以后再解决问题。当遇到冲突时,他们常常会使用刺激性言语和动作,常见刺激性语言有:"这小子"、"你孬种"、"你找揍啊",甚至一些骂街语言等;常见刺激性动作有:指对方鼻子,拍对方脑袋,抓对方手腕等。中学生情绪激动、起伏大,往往因一句话、一个动作刺激,引发打架斗殴。班主任必须专门对学生进行这方面的教育,让其知道在面对愤怒的情景、想使用暴力的情况下,如何控制自己的情绪,降低内心的愤懑感。班主任还要教育学生掌握科学的自我心理调试方法,学会合理控制情绪;引导学生学会与人沟通的技巧,增强人际交往能力,建立和谐的人际关系。

(二)加强校园安全建设,开展丰富多彩的课外活动

1. 班主任要建议学校加强校园的安全保卫工作。建立和健全规章

制度，如建立护校队、夜间巡逻制度、门卫制度等，减少或杜绝校外闲杂人员出入，防止暴力事件发生。加强校园周边环境的管理，学校应呼吁上级有关部门对学校周边的不良环境，如网吧、麻将馆、录像厅、歌舞厅、夜市、娱乐场所等按国家的有关规定进行取缔、清理和整顿及严格管理，以营造良好的育人环境。

2. 班主任要积极开展丰富多彩的课外文娱、体育等方面的各类活动。这样既可丰富校园文化生活，又可提高学生综合素质，同时又充实了学生的业余时间，减少暴力事件的发生。

3. 班主任要对中学生加强法制教育。中学生想问题片面极端，班主任可充分利用品德课、班会、法制讲座等形式，提高学生的法律意识，使他们意识到打架斗殴极易触犯法律，是青少年犯罪的常发案件，后果严重；教育诱导孩子学会以他人的视角看待问题，而不是想什么问题都是以自己的喜怒爱好为出发点；同时教育学生学会运用法律手段保护自身利益，避免"以暴制暴"的恶性循环。

4. 班主任要注重教育技巧，提升专业能力。在教育教学过程中对学生进行打骂、体罚、变相体罚、人格侮辱是一种重要的校园暴力现象。作为班主任，要注重对学生暴力问题的处理方式，不能"以暴制暴"，要用温和的方式来转变学生。班主任要与学生交流，让其认识到问题的危害性。在工作的过程中，班主任要加强自身素质，注重提高处理学生问题的能力和技巧。

此外，学校也应注重加强教师队伍建设，提高教师综合素质，主要有以下三方面对策：首先，加强教师师德建设和管理；其次，加强对教师的普法教育，提高教师的法律意识和法治观念；最后，提倡人性化管理，在学生管理及班主任的管理工作中要充分尊重学生的人格、自尊心，尊重学生的隐私权。

（三）引导家长为学生创设良好家庭氛围

良好的家庭环境对儿童健康成长非常重要，父母要为儿童的行为发展树立良好的榜样，成为孩子尊敬和模仿的对象，避免家庭暴力。

首先，坚决杜绝家庭暴力，父母不能将打架作为解决冲突或争吵的方法。不能虐待孩子，要信任孩子，要与孩子建立友好、稳定的关系。家庭教育的误导与校园暴力案件的增长有很大的关系，正确的家庭教育观念对青少年人格教育心理的形成能够起到积极的引导作用，因而良好的家庭教育对预防校园暴力至关重要。

其次，校园暴力的干预需要父母的高度参与和积极的配合。研究表明，在家庭和学校之间加强沟通并积极开展活动，父母的参与水平能够促进健康、稳定的学习氛围的形成。父母参与水平与学生的成功、高出勤率、低辍学率成正比例关系。家长的广泛参与及其与学校的沟通和交流，这些都非常有利于对学校暴力进行及时有效的预防和干预。

（四）呼吁社会、家长共同努力，减少不良媒介的危害

电视、电影中的暴力镜头对于模仿能力极强的青少年学生来说十分有害。我们一方面呼吁无暴力的、适宜孩子收看的电视节目出现，另一方面建议家长在孩子收看电视节目时要起到指导作用，和他们一起收看，如发现有渲染暴力内容的要及时引导，使孩子懂得使用暴力并非是明智之举，及时制止和消除孩子对暴力的猎奇心理。

第二节　网络成瘾问题

网络以它特有的优势和发展速度，正在改变着我们的工作、学习和思维方式，渗透到我们日常生活的每个角落，将我们带进了一个新的时代。我国的网民以青少年居多，中学生网络成瘾问题正随着互联网的普及而日益突显出来。

网络成瘾，即"网络成瘾综合症"，简称IAD。IAD最早于1986年由纽约的一位精神科医生高德博格提出。彼得·米契尔将其定义为：强迫性的过度使用网络和剥夺上网行为之后出现戒断症状。临床上是指由于患者对互联网过度依赖而导致明显的心理异常症状以及伴随的生理受损的现象。研究表明，中国有5%到10%的互联网使用者存在网络依赖倾向，其中青少年中存在网络依赖倾向的约占7%。另一个数据更令人惊心：中国青少年网络成瘾症发病率高达15%，人数高达244万。

网络成瘾者对上网有一种心理上的依赖感，主要表现为网络游戏成瘾、网上聊天与交际成瘾、网上收集信息成瘾等多种形式。过度沉湎和依赖网络对中学生的心理健康造成了极大的影响。网络成瘾学生对正常的学习和文娱活动无兴趣，成绩下降，对社会形成隔离感，消极，逃避现实，感情淡薄，情绪低落，思维混乱等等。

一、典型案例

小刚（化名），初二学生，16岁，进校时文化成绩年级前100名，学习基础较好,也很聪明。一直以来跟父亲关系很差,平时甚至很少跟父亲说话。初一时由于不能很好地适应中学生活,学业成绩稍有退步,人也变得沉默寡言。在初二学业水平测试前一个月突然决定退学,在家长和班主任王老师的耐心开导下终于道出实情:自己网络游戏的账号由于几天未能上网刷新被人偷盗了,气急一时,对世事看透,决定退学。甚至跟父母讲自己就是不上学在家也能通过网络赚不少的钱。经过王老师的了解,该生课余时间基本是在网吧度过的,经常打游戏,家长做生意非常忙,对这一情况也不太了解,但回想起来家中确实经常莫名其妙地丢钱,数额不大也就没有在意,现在才知道孩子是拿钱去上网了。

了解了小刚的情况后,班主任王老师首先决定为其消除不良的刺激条件,创设良好的环境。王老师首先约见了小刚的父母,跟他们聊了小刚的近况,他的压力以及作为老师对他未来的担忧。小刚的父亲首先决定改善跟儿子的关系,多多关心孩子,努力营造良好的家庭氛围。王老师还经常在学校里面单独约见小刚,找他谈心,对他晓之以理,阐明网瘾的危害性,并且多次到他家去家访,让他深切地了解家长和老师都很希望他能戒掉网瘾,回到正常的学习轨道上来。

然后,王老师对小刚实施了认知疗法。认知疗法是根据认知过程影响情绪和行为的理论假设,通过认知和行为技术来改变病人不良认知的一类心理治疗方法的总称。经过多次交谈,王老师和小刚建立了良好的友谊。在交谈中让他认识到:学生沉迷于网络游戏,除了外部因素影响外,更重要的是他们的内在心理因素使然。人具有攻击本能的需要,处于青春期的学生由于雄性激素的分泌猛增,他们攻击本能的需要(特别是男生)同时上升,导致经常与社会道德规范发生冲突,在他们无法自我调节和得到有效指导帮助的情况下,

《帝国时代》《反恐精英》《魔兽争霸》等攻击性极强的网络游戏恰恰迎合了他们的心理需要,因此在本能的呼唤下他们在网络的虚拟世界里尽情发泄,以满足在现实生活中无法满足的本能欲望。

为了让小刚的这种本能攻击欲望找到一个正常合理的宣泄载体,王老师还鼓励他积极参加体育锻炼,根据小刚自身条件及兴趣爱好鼓励他参加篮球队,让他投身于篮球训练,这样既可以使他找到合理宣泄的途径,又可以把他的注意力转移到新的兴奋点上,起到了淡化原有不良条件反射的作用。

此外,班主任王老师和家长一起经过一段时间的努力,小刚与父母的关系改善了很多,晚上放学就回家,能够按时完成作业,有的时候还帮父母看看生意,父母很满意,学习成绩也逐渐地上升,课余时间基本上用来打篮球,现在已经是学校篮球队的一员。

二、中学生网络成瘾的原因分析

(一)网络自身特点是中学生网络成瘾的客观原因

网络是现代科学技术进步的标志,它的高科技性、超时空性、自由性、开放性、仿真性和时尚性对中学生具有很强的吸引力。网络是用现代高端的科技手段将各种五花八门的资讯汇聚起来的一个载体,使现实世界在网络世界里没有地理的界线,没有人世间的距离,能给每个上网者提供一个属于自己的时空,在这个虚幻的时空里,他们能找到适合自己的位置;可以在属于自己的这个世界里自由翱翔;可以找到一个消磨时间的好去处;可以体会到现实生活当中不可能享受到的乐趣;可以获得虚拟奖励,得到自我肯定,从而宣泄学习不成功带来的压抑。网络世界具有的丰富信息,齐备的功能,能满足人们的种种好奇心以及各种各样的需要和欲望。网络本身的这些特点,对具有好奇心、特别是有感失落于现实的中学生来说，无疑具有巨大诱惑。因而，他们一旦置身其中，便可能会越陷越深，欲罢不能，进而沉迷于其中。

（二）中学生的个性心理特征是网络成瘾的主观原因

1. 中学生缺乏自我控制力，自我意识强烈

中学生的价值观和行为方式尚未定型，与成年人相比，其自我控制力和自律性较差，因而他们一旦上网往往难于抵制网络的诱惑，可能被网上光怪陆离且层出不穷的新游戏、新技术和新信息网住，也容易被网上色情和暴力所吸引。同时，中学生的自我意识和叛逆心理强，有些高中学生急于摆脱学校、老师和家庭的管制，丢开书本，追求独立个性，确立自我价值，网络恰好提供了这样一个虚拟的空间。而且观点越新、奇、特，可能得到的反响越大，回应越多，易于找到更多的自信，展现自我。

2. 中学生认知能力有限

中国的学生自小接受的是正面教育，在涉及国家命运和民族利益的大是大非问题上，他们辨别是非的能力还是很强的。但是虚拟网络毕竟充斥着大量"垃圾信息"和"虚假资讯"。中学生对复杂的社会背景和社会活动的认识单纯，缺乏对现实中丑恶事物的了解和认识，缺乏对丑恶事物的必要防卫。他们社会阅历浅，社会经验少，缺乏明辨是非和应付复杂局面的能力，表现出自我保护意识的淡薄。

3. 部分中学生个性孤僻，缺少朋友

现在的学生大多数是独生子女，因性格的差异难于向同学、朋友、家长及老师倾诉自己的心声，平等地交流感情；另一方面，他们又希望被人了解和关注。互联网正满足了中学生的这一生理和心理要求。

同时，中学生的独立意识增强，是脱离家长老师，向往社会交流最强

烈的时期，但由于交往心理不成熟，导致在现实中交往失败，交往需要得不到满足。又由于父母只重说教，只关心成绩，很少与孩子交流情感，这样伴随学生的必然是内心的孤独和寂寞。上网聊天便成了他们寻求慰藉，解除寂寞和孤独的途径。网上空间的无限性，内容的随意性，身份的隐蔽性，这种自由宽松的环境，可以使他们尽情倾诉。特别是性格内向的学生，在网上他们没有了拘谨、害羞、不善交往的焦虑，网络给了他们交友的信心，同时也容易使他们迷恋。

（三）社会、家庭、学校等大环境是中学生网络成瘾的重要因素

1. 社会因素

与传统社会主要依靠家庭、学校、同龄群体完成学生的社会化过程相比，现代社会，在中学生的人格形成和发展的过程中，大众传媒扮演着越来越重要的角色。在已步入信息化时代的今天，大众传媒如电视、电影、杂志、互联网等，成为传播信息的主要工具。通过这些媒介，个人不但可以接受大量的信息，而且在知识、技能尤其是价值标准、角色学习方面开始出现"无师自通"的情况。新闻媒体大肆渲染各种网络传奇、网络神户，网络精英成为我们这个时代最受推崇的人物，成为无数中学生崇拜的偶像。他们年轻、富有，一些人在20岁出头就通过互联网一夜暴富。这样的文字连篇累牍，充斥着各种媒体，并对一部分中学生造成了潜移默化的影响。

2. 家庭因素

据调查，缺陷家庭，父母关系不融洽、亲子关系差、父母教育方式不当的家庭的中学生更易发生网络成瘾，不良的家庭环境是中学生网络成瘾的推动力。如果用冷漠型、娇宠型、民主型和专制型来区分中学生的父

母，成瘾者父母在"冷漠型"和"娇宠型"中的比例明显超过未成瘾者。父母抚育子女的不当方式，造成了子女无法与他人正常交往。在现实生活中缺少情感交流的学生，便会在网络中寻找可归依的群体，迷恋于网上的互动生活。

当前我国中学生多属独生子女，且城镇居民以楼房式独门独户的家居结构为主，这在某种程度上不利于身为独生子女的中学生与同龄伙伴交流，因而良好的家庭教育就显得格外重要，而家庭教育中，母亲又起着举足轻重的作用。但随着生产力的发展，城市化进程加快，母亲角色已经由传统的家庭主妇转变成劳动力。父母都忙于工作或生计而忽视了对子女的教育，与孩子的情感沟通减少，家庭不能满足孩子的安全需要，不能提供必要的社会支持。另一方面，随着我国离婚率的不断上升，重组家庭和单亲家庭的比例也不断攀升。重组家庭和单亲家庭中的孩子缺乏情感上的交流，更容易叛逆，从而更容易到网络中寻找可归依的群体，迷恋于网上的互动生活。家庭环境不健康和家庭教育方式不当也是中学生网络成瘾的一个重要原因。研究发现，有网络成瘾倾向的中学生家庭教育或家庭环境或多或少存在一定的不和谐因素。

3. 学校因素

由于各级教育部门单一的教学评估方法以及高考压力等因素，使得学校通常以分数为标志构成单一评估体系，注重知识的刻板灌输。学校过多着眼于自身需要的学生能力培养，而忽视了学生的人文教育。单纯的应试教育忽视了对中学生各种兴趣的培养和追求。虽然随着素质教育的推进，对学生的综合素质的培养日益受到重视，但仍有相当一批学生没有得到很好的人文教育，心理素质差。对中学生来说，人文教育以及心理素质方面的教育相对滞后, 淡化了学生对生命价值的领悟和体验。而网络以特有的方式进入中学生的生活, 网络缓解了中学生的个性压抑, 满足了其心理需要, 由于中学生处于转型期, 个性不够完善, 心理不够健全, 自制力差等特性, 因而容易成瘾。

三、班主任预防与解决学生网络成瘾的方法

对于网络成瘾, 我们应该运用心理学来解决。与大禹治水一样, 治网瘾需要的是疏通而不是封堵。要减少中学生网络成瘾现象的发生, 就必须建立以疏通为主的预防措施, 并依靠社会环境、教育体系、家庭教育及中学生自身等多方面的合力。其中, 作为班主任可以从以下方面入手对学生进行教育。

(一)班主任要加强心理健康教育, 提高学生的心理健康水平

在中学开设专门的心理健康教育课程, 帮助学生了解心理科学知识, 掌握一定的心理调节技术。课程可分为两部分: 心理卫生与健康理论部分和实际训练操作部分。前一部分为心理健康知识普及课, 后一部分是在中学生中开展心理健康教育最为有效的方法。其实际训练活动操作内容包括角色扮演、相互询问、人际交往训练, 掌握一些转移情绪、宣泄痛苦、发泄愤怒、克服自卑、树立自信心的心理调节手段, 防患于未然。

根据中学生的实际情况, 重点选择"学习兴趣、学习记忆、学习疲劳、考试焦虑"等几个问题进行专题讲座, 开展集体辅导, 目的是让学生掌握与焦虑有关的科学知识, 调动学生非智力因素, 克服自卑, 提高自信, 并从中进行学法辅导, 掌握正确的学习方法, 学会科学记忆, 科学用脑, 对于学生中产生的焦虑现象, 可启示他们采用注意转移法、心理补偿法、自我暗示控制等方法来平息紧张的情绪。

（二）班主任要引导家长，以良好的亲子关系预防或戒除网瘾

　　班主任要让父母高度重视中学生网络成瘾问题，积极营造和谐美满平等的家庭氛围。家长对已经网络成瘾的孩子不要抱着非常沉重的心情来看待他们，因为父母对孩子有情绪的传染。如果你焦虑的话，孩子会更焦虑。应尽量减少责备，尽可能进行交流，共同制订上网的行为契约、计划，形成良好的监督氛围，适时给予鼓励和鞭策，相信孩子们会转变过来的。

　　引导家长要注意给孩子一个健康的家庭环境。一般来说，从民主、和睦、丰富多彩以及充满希望的家庭中出来的小孩是很少网络成瘾的。因为这样的环境给了他足够的自由、平等和快乐。

　　班主任要尽量让家长注意发现孩子的优点，不要把所有的注意力放在孩子学习的优劣上。我们知道，在学校的考试中，必然有成功者和失败者，不可能所有的孩子都是前3名或前5名。如果家庭评定他们成功的标准只有一个，那些学业失败的孩子就很难在现实中找到成就感了，那么他们更可能去网络寻找虚幻的成功。作为家长要千方百计让孩子有成就感，包括学业、特长、交友等各个方面，而不是逼他们走向网络世界。

　　班主任要让家长注意引导和监督孩子上网。网络本身不是洪水猛兽，我们没有必要逃避；更何况，在现代社会中，网络无处不在，就算要逃也是无处可逃。所以父母阻止孩子上网既无必要也无可能，正确的做法是正确地引导和科学地监督。家长可以与孩子约法三章，允许他上网，但必须遵守一些规定。比如，限制上网时间；未成年人若无成人陪同不得与网友见面等。家长还应经常检查孩子上网的内容，如发现孩子上一些不健康的网站，要及时与孩子进行沟通，对其进行引导。

（三）班主任要为学生营造健康稳定和谐的班级心理氛围

很多中学生第一次上网都是被同学朋友带去的，一个班的班风很重要，好的班风能把同学从网上带回现实中，而差的班风会不断带动更多的同学去上网成瘾。班主任要积极营造良好的班级氛围，尽量让学生的兴趣回到班集体中来；营造健康稳定和谐的班级心理氛围，减轻中学生在生活学习中的各种压抑，使网瘾学生从自暴自弃的心理阴霾中走出来。

1. 对那些上网成瘾的学生，全班师生要一起帮助他们解决生活上、学习中的各种困难，鼓励他们走出网络阴影。并且要指定专人（二对一）进行重点监督、教育和帮扶。让成瘾的学生实实在在感受到老师的关爱、称赞和真诚，以及同学的友情、信任和尊重。

2. 创设条件鼓励和支持男女学生之间的正常交往，使他们真实地了解异性内心的情感世界，缩短距离，减少神秘感，消除学生上网聊天交友的心理冲动。

3. 建立校级网站，开设班级博客。在网络中架起交流沟通、互助互爱的桥梁。主动占领网络阵地，引导学生文明上网。提高学生的网络道德水平，发展学生的网络技术能力。

4. 严格管理、规定时间、规范内容，允许学生在老师的陪同下，在学校电脑室上网。向学生推荐优秀网站，在网络中直接教育学生，提高学生的分辨能力和自律意识。让学生上好网、用好网，从而发挥网络的教育教学功能。

5. 改"应试教育"为"素质教育"，提高课堂对学生的吸引力，使学生善于学习、乐于学习。

（四）班主任要重视学生手机上网问题

　　据中国互联网信息中心发布的《第24次中国互联网发展状况统计报告》披露，截至2009年6月，中国中学生网民已经达到1.75亿，目前这一人群在总体网民中占51.8%，其中有300万左右为10岁以下的网民。在上网的方式中，通过手机上网的人数越来越多，截至2009年8月底，中国手机上网用户已经达到1.81亿，其中5000万是中学生用户。现在的中学生对于手机有着浓厚的兴趣，一个手机拿在手上，上网下载图片、铃声、游戏之类的，几个小时都能玩。手机网络不良信息很多，一不留神随意点都有可能进入包含色情信息的网站，但对学生手机时刻进行监管也不现实，出于对学生的尊重，老师和家长基本都不会强制查看学生手机。

　　我们迫切希望以上问题能尽快得到解决，让我们的学生能早日远离网吧，戒除网瘾，健康成长。目前，部分欧美国家已经成立网络成瘾研究中心，积极开展网络成瘾的教育，并且使用心理学方法治疗网络成瘾。我国也成立了多个戒除网瘾机构，帮助网瘾者摆脱网瘾。呼吁政府高度重视，社会、学校、家长和学生自己共同努力帮助所有有网瘾的学生，让他们健康走进学习，让健康的网络教育更好地为人类的健康发展服务。

第三节　小团体生问题

　　班级中的小团体，是学生同伴关系的一种存在方式，学生在与同伴交往的过程中会逐步发现在兴趣、活动方式、态度等方面相互接近和相容的对象，形成同伴关系，同伴之间的稳定性和有效性逐渐提高，便发展成小团体。心理学研究表明，每40人左右的班中有8~10个小团体，50人左右的班中有10~12个，60人左右的班中有11~13个。班级中的小团体规模以2~3人为最多，占68%，4人规模的小团体占18%左右，5~6人及以上的小团体在小学高年级才出现，中学生比较多。班级中的小团体以同性别为主，占总数的97%，高年级中有少量5~6人规模的男女混合型小团体。

班级中的小团体，是学生同伴关系的一种存在方式，对学生吸收同伴的经验、学习社会交往的技能、培养学生的社会责任感、锻炼实际活动的能力具有积极意义。在班级中，加入小团体的学生往往能通过自己的特殊兴趣和共同活动，成为班级中的积极分子。但是，由于他们的认知能力和社会经验都在发展之中，小团体的利益和规则有时会与班级的利益和纪律相抵触，也可能会因为小团体的活动过于频繁而影响了他们的学习和生活，甚至有可能受社会上的不良分子的影响而出现违法乱纪的行为。因此，班主任要正确地对待班级中的小团体，既要支持他们的正当活动，又要做必要的引导。

一、典型案例

常言道："物以类聚，人以群分。"学生因为兴趣爱好及个性相同，慢慢组合成"小团体"是再正常不过的事情。关键是，班主任如何引导好小团体，将之纳入到班级发展轨道上来。

辽宁省的某中学班级里，以班长为首的几位女生号称"七大魔女"。虽名号不是自己取的，但她们也颇为此沾沾自喜，以表示七人团结一致。刚开始听到这个名号，苏老师觉得十分诧异，这几个女孩平时学习成绩都比较好，不像是调皮捣蛋的孩子。经过调查了解到，原来这几个女孩整天在一起玩，有时男孩子招惹一下她们，她们便"口诛笔伐""群而攻之"，如果班级里其他女

孩受欺负，她们还会"仗义相助"，甚至打架，很多男生也都怕她们几个。久而久之，鉴于她们轻易招惹不得，便送给她们这一"名号"。此外，此称号另外的解释——她们是"具有魔力的女孩"，几个女孩都长得很漂亮，都喜欢唱歌跳舞，经常打扮得比较时髦，所以叫"七大魔女"。

班主任苏老师认为对于这样的小团体不要急于去遏制、强制解散，需要进行正确引导。怎样引导这些女孩呢? 苏老师用了以下"三招"。

其一，"为我所用"。这样的小团体，实则是有着共同的兴趣爱好。因而，在不伤害她们的前提下，一般不要去有意拆散她们，而是采取适当方法让这样的团体为我所用。

一般涉及到比较困难的、需要一定耐心的工作，班主任都可以放心交给她们去完成，如黑板报、布置展板等。因为这群孩子相互之间十分要好，每个人的优势心里都有数，配合起来自然非常默契——谁该干什么都能自觉去做，既不会推，也不会抢。因而每次任务都能顺顺当当、极为出色地完成。

其二，"旁敲侧击"。有时在课余时间与她们聊天，就会涉及到她们近来的表现。有时夸她们真的是"有魔力的女孩"，能够吸引那么多想"入围"的同学。而在表现不佳时，则会列举她们一些不太好的行为，并开玩笑说让她们别真的成了男孩子们所说的那种"魔女"。这样，自然会给她们以警醒。

其三，"分而化之"。为了这个团体能够健康发展，不至于因太过于密切而被其他同学孤立或出现其他问题，有时班主任会找一些需要别的同学协助的任务交给她们，以适当地"分化"她们。去年"元旦"前，苏老师就布置她们准备两个节目，一个舞蹈、一个朗诵，以参加学校的评比，并要求每个节目至少是四男四女，八人一组。这样，她们便拆成两组，然后再去寻找其他同学加入，在物色人选、排练节目的过程中，她们与其他同学的交流多了，小团队在结构上也就相应更松散了。节目表演完了，她们的"名号"依然，但明显更合群、交流面更广了。

时常用这三招，相信这些孩子会越来越优秀，越来越成熟，也能真正地找到自己所要的友情。

二、班级中"小团体"形成的原因

(一) 趣味相投

中学阶段的小团体成员之间有共同的兴趣、爱好或行为习惯，这些往往是形成"小团体"的先决条件。如几个对数学特别感兴趣的学生因经常讨论数学题而聚在一起；爱打篮球的学生总在一起打球，讨论球星、球技；喜欢游戏的男生、喜欢漫画的女生，都会因有共同语言而各自"抱团儿"。学生在趣味相投的群体中，平等的无拘无束的气氛中，谈论共同关心和感兴趣的事情，包括那些在学校或家庭中不能或不准讨论的话题。这成为他们紧张的学习生活之余彼此交流、放松心情的一个重要渠道。

(二) 同病相怜

在中学生中，有些学生由于基础差、学习积极性不高，常常违反校纪校规，成为老师心目中的"后进生"。这些自认为不被老师看重的学生，一方面感觉自己不是班级主体，是边缘人、弱势群体；另一方面，他们内心也渴望爱、渴望被重视。如果老师只看重分数，对这些学生缺乏耐心而有效的帮扶措施，这些班级中境遇相同的"后进生"，便会逐渐走到一起，彼此之间倾诉类似的遭遇和困惑，相互寻求温暖和力量，这样，"人以群分"的"小团体"就产生了。

(三) 寻求认可

人都有受到尊重、得到认可的需要，特别是中学生，随着自我意识的

117

增强、各种能力的提高，更需要得到来自各方面的认可，显现出自己的价值，于是便寻求其他出路。而在自发组成的"小团体"之中，诸如仗义、大胆、做出另类行为等，都可以获得群体成员的认可，从而证明自己存在的价值。

一个初二女孩这样说："我是一名女生，长相一般，厌恶学习，在以成绩论英雄的班级里没什么地位。也许是意趣相投，慢慢地，学校里一些同样讨厌学习的同学开始围着我转，其中还有不少男生。为了扮老大，我得保持一些和其他同学不同的地方，譬如偶尔叼支烟、喝酒、疯玩……有几次圈子里有人受欺负了，我拉了一大帮朋友去吓唬对方，很快就把事情给摆平了。我知道在许多同学和老师眼里，我已成为'大姐大'了。讲心里话，其实我并不认同自己的行为，但我喜欢被人看作老大的感觉。人总是希望找到受重视的感觉，在学习上我不能够获得，但是，在自己的'圈子'里做老大却给了我极大的满足感、成就感。"

(四)情感转移

"小团体"成员一起做事，相互扶助，彼此依恋，对于许多独生子女来说，在一定程度上弥补了家中没有兄弟姐妹的缺憾。另外，处于青春期的学生对于家人的依赖会有部分"转移"到同学团体。这并不意味着他们不再需要家人，而是由于此时他们所需要的特定的人际关系、个人价值体现以及情感经验等，家庭无法提供，他们便将这些需求转而诉诸朋友、同学团体。为了能找到归属感或在离开父母身边之后仍然有人关心有人爱的感觉，他们便聚到了一起。

三、班主任要辩证看待班级中的"小团体"

在一个班级中，除了班委、小组等正式群体外，还存在着一些由学生自发组成、自由结合的"小团体"，社会学称之为"非正式群体"。这些"小团体"主要有三种类型："积极型"——成员互助共进，其行动与目标多与班集体保持一致；"中立型"——成员集体意识相对较弱，对班级事务往往持"事不关己，高高挂起"的态度；"消极型"——经常以小集体形式与班规、老师进行对抗，是典型的"有组织、无纪律"。面对这些"小团体"，班主任该怎样看待和对待？

（一）"小团体"的出现有其必然性

学校管理心理学告诉我们，学生是一个个鲜活的个体，彼此之间必然产生交往，也必然会产生合群的倾向，正所谓"人以群分"。因此，学生的非正式群体产生有其必然性。面对这样的"小团体"我们不必太紧张太在意，自由选择伙伴、自发组织起来，是孩子成长到一定阶段必然出现的一种现象，它在一定程度上对于学生的成长有着积极的促进作用。

（二）"小团体"有一定的积极意义

同伴之间的学习与帮助，是孩子成长过程中必不可少的。对于性格内向、有自卑心理的学生，在与"小团体"成员的沟通中，心境可以得到改善，有利于形成健康的心理；学生在"小团体"交往中，可以增强组织能力、沟通能力、评判是非能力及自制力等；"小团体"内部一般都具有一定的活动目标和行为规则，因此，"小团体"的存在对培养学生的社会责任感也有一定的积极作用。

（三）"小团体"的危害不容忽视

有一些"小团体"对于班集体而言是具有一定危害性的。它们轻则会削弱班集体的力量，重则会与老师正常的教育教学工作处处作对，降低班主任的威信，其破坏力很强，后果较严重，对良好班风的培养和建设十分不利。班集体的建设在班主任工作中的重要性是不言自明的。所以，一旦出现这样的"小团体"，就要充分重视，加以引导。

（四）"小团体"的出现预示管理有待完善

集体是群体发展的最高阶段或理想阶段，但许多班级的发展水平距离集体还很远。在这样的组织中，成员缺乏归属感，或者感受不到集体生活的乐趣，或者认为集体舆论对自己不公平、与自己的意见相悖，或者认为集体不能正确理解和对待个体差异……于是，他们会对集体产生反感，逐渐疏离于集体之外，通过发展非正式群体来满足他们多方面的心理需要。因此，一旦班级出现"小团体"苗头，班主任就要反思班级管理中是否出现了问题：如集体的目标、活动是否缺乏吸引力，集体的舆论是否得到全体学生的认同，集体人际关系是否和谐……

四、班主任应对"小团体"的不同策略

（一）用心寻找"小团体"凝聚点

"小团体"的形成有它产生、发展的原因。班主任必须弄清原委和"小团体"的性质，并且不能靠揣测，要有事实依据，因为做"小团体"成员思想工作的时候，案例最有说服力。只有找到"小团体"成员的"凝聚点"，才能有针对性地开展下一步工作。否则工作容易被动，容易犯主观臆断的错误，以致影响工作效果。

（二）全力转化"小团体"领袖人物

在每个"小团体"中，一般都有其公认的代表、智囊人物，在群体中处于领袖地位或起核心作用。学生在"小团体"中的威望与他在正式群体中的地位有时会不一致。但他们对其他群体成员的影响，可能会胜过父母的赞许、老师的评价、其他同学的认可。因而有效地利用"小团体"中核心人

物的作用，必然会收到以点带面、"牵一发而动全身"的效果。我们不妨经常与这些"领袖"接触交谈，通过他们把握该群体的思想动态，听取他们的呼声。有意识地把班级工作适当交给这些"领袖"做，并让他们去做其他成员的工作。这不失为一种有效的管理方法。

(三)区别对待"小团体"成员

对于那些对同学和班级造成一定危害的"小团体"，必要时可以利用班规和校纪对其中的关键人物进行处理，以达到教育其本人和他人的效果。对同一个"小团体"中的成员要区别对待：要知道谁在其中起主要作用、是"小团体"的智囊，谁是比较容易进行转化的，等等。要针对每个人的不同情况进行有区别的处理。

(四)给弱势学生留点儿空间

班级管理中各项规章制度的制定与实施要公平公正，且要给弱势学生(如"问题"生)群体留有一定的空间，这样，"问题"学生就没有必要抱成团儿与老师和其他同学对抗了。所以，如果接手新的班级，或发现班级中有不良"小团体"出现，首先要从班级规章制度入手，用公正公平的制度(制度开始执行时可以稍微照顾一点弱势学生)来管理班级。当"制度面前人人平等"的规约成为现实后，弱势学生也就不必抱成团儿与同学或老师作对了。

(五)满足学生成为"焦点"的愿望

一些中学生为了变"盲点"为"焦点"，为了证明自己的存在，结成"小团体"，借违反学校及班级纪律、顶撞老师与班干部等方式引起大家的注意。班主任不妨借助这群孩子爱表现、希望引起别人关注的心理，"正其道而用之"，为其创造机会，让他们身上闪光的地方展现出来，并及时肯

定,让他们在大家面前抬起头来。长此以往,团体成员一定会慢慢收回调皮捣蛋的心思。

（六）开展活动化"消极"为"积极"

"消极型"团体之所以经常惹事,很大的原因是成员精力充沛,无处发泄。班级要经常开展丰富多彩的活动,吸引他们的注意力,把他们的兴趣转移到健康的班级活动中来,使他们从中获得乐趣,感受到集体的温暖。另外,在活动中要有意识地把团体中的成员分开,打破其内部组织结构,与"积极型"团体中的成员搭配互动,利用正规群体的同化作用,引导"消极型"小团体向着积极的方向发展。

（七）用"团队"瓦解"团体"

与其担心非正式群体产生不良影响,不如先为学生打造团结合作、向善、向上的正式群体。①理念先行。通过班会,结合校园生活中的案例和企业成败的原因,让学生感悟团队的重要性。②打造团队。根据班级人数把学生分为若干个团队,选出团队领导人,以考核团队为评价方式。团队和团队领导人每学期进行重组,引导学生明了优秀的团队不是看个人能力的高低,而是看不同个性的组员能否协同合作,团队是否有目标、分工明确等。③开展团队活动。给各个团队展示空间,宣传他们的团队文化;以团队的形式表演节目、做游戏等;让每个团队轮流参与班级常规管理;倡导团队内互帮结对合作,设团队学习进步奖,等等。

（八）建设良好"大团体"是根本

相对于"小团体",班集体就是一个"大团体"。因此,班主任一旦接手新班,就要注重良好班集体的建设,努力使班级形成正确的舆论导向,并建立相互尊重、和谐共处、目标一致的班级文化氛围。这样,会从根本上减少班级"小团体"特别是消极"小团体"的出现。

第四节　起哄恶作剧问题

一个班集体中，大多数学生能在老师的指导下，遵守中学生守则，但是，少数学生有时爱搞点恶作剧，违反纪律。例如，课堂上不用心听讲，偷偷地在前排同学的很漂亮的衣服上写几句不堪入耳的污言乱语，还有的学生趁别的同学休息时故意在别人的凳子上钉一颗钉子，让别人不小心时坐下去刺得痛，而自己捂住嘴暗笑。这些学生往往存在逆反心理，明明有损团结友爱，还沾沾自喜；明明是违反纪律，还心安理得。一个中学生在日记中写道："书本上的东西太枯燥，有时搞点恶作剧，开心得很。"对他们来说，遵守纪律便感到别扭，心烦意乱，相反违纪觉得满足，自豪，光荣，一点也不觉得内疚。

一、典型案例

初一学生张某平时不爱遵守纪律，桀骜不驯，爱起哄，有时还搞点恶作剧。刚上初一的时候，课堂上的他常常不能控制自己在课堂上说话，有时候跟老师意见不一样就大声喧哗，甚至与老师胡搅蛮缠，有时导致一堂课有一半时间都在争论。按张某的观点来说，是老师们不能接受意见。最后很多老师都不愿意搭理他，觉得张同学实在是个难剃的刺猬头。有一次，他还带着几个男同学要扒别人的裤子起哄，把其他同学都吓得四处逃窜，他们就哈哈大笑。后来，接连发生了几次类似的情况。

在恶作剧事情发生以后，很多教师常用的方法是狠狠地批评学生，甚至冠以"流氓"之词。但是，我们有没有想过，其实这么小的学生还不明白什么样的行为是流氓行为，他们只是在搞恶作剧罢了。恶作剧行为是不文明的行为。但是，我们在处理这些问题的时候，应该帮助学生去正确地认识问题，巧妙地化解。

　　面对这个问题，班主任徐老师首先对这件事做了详细的调查，发现这几个孩子平时在学习上很难得到老师的表扬，在班级中的威信不是很高。但是，他们也希望得到同学的认同，于是，他们故意做一些怪事来赢得别人可怜的一笑，这样他们就感觉到很自豪。其实大家都明白，这是不正常的。但是这几个孩子不明白，他们还以为很有意思。这是因为他们不懂什么叫美。从他们的动机来看，他们觉得这样做很好玩，也是为了在班级里引起大家的注意。

　　徐老师把主要参与者叫到办公室，并没有训斥他们，而是与他们谈心，谈最近的生活、学习状况，谈人生理想，谈善恶美丑……在良好交谈的氛围下，徐老师还让他们进行角色扮演，每个人都当作被恶作剧的人，让他们能够亲身体验到当事人的心理感受。徐老师还告诉他们，每一个年龄阶段有它的行为特征，同一个行为在某一个年龄阶段做出来是可爱，换一个年龄阶段做出来就是可恶了。还让几个女同学当面给他们评价这种行为是否正确，因为在中学阶段，男同学特别在意女同学的看法，女学生是男学生的一面镜子，假如镜子是平直的，照出来的人影是正常的，反之就是扭曲的。这些男学生羞愧得无地自容，从此再也没有发生过类似的事件。在处理男学生扒裤子的事件里，徐老师借助了角色扮演的方法，让他们能将心比心，学会换位思考。同时，借助女学生的力量，以柔克刚，效果明显。

二、中学生起哄恶作剧的心理原因

中学时期的少男少女往往憧憬着新的生命历程，内心世界与来自社会的外部环境常常发生矛盾。初中生正处于青少年时期，他们处在一个半成熟、半幼稚、独立性与依赖性、自觉性与盲目性错综复杂的矛盾时期，是非观念尚未成熟，对一些问题有不正确的看法或错误的做法，这是难免的。喜欢搞恶作剧的学生不一定品行不良，他们所犯的错误，大多是心理问题，而不是道德问题；他们行为的动机往往是纯真的，也许是好奇心、表现欲过强所导致的行为过失，不能轻易和盲目地定性为道德品质问题。当他们犯了错误，他们迫切想得到的是理解和帮助，而不是粗暴的批评和惩罚。他们正是通过不断地从错误中吸取教训而成长、成熟起来。

（一）受尊重被理解的心理需求与现实的矛盾

受尊重被理解是人的基本的心理需求，对于处在成长中的中学生来说更是如此。但是，对于那些做恶作剧的孩子来讲，他们在平时的学习和生活中，往往表现出能力较弱，得不到大家的肯定和认同。因此，他们希望通过做恶作剧来引起大家对他们的注意，来显示他们的聪明才智，来满足他们被尊重被理解的心理需求。

（二）由于归属的心理需求

中学生对班级的归属感，对结交的来自同学的朋友群体有依附感，有被异性关注的心理需求。中学生因生理的渐趋成熟，在内心深处有一种得到异性注意和肯定的心理需求。做恶作剧的孩子往往是在学生群体中受孤立的孩子，他们认为做恶作剧是获得与大家交往的一种途径。

（三）中学生心理和生理的日趋成熟，渴望摆脱束缚

孩子的有些行为是正常的，有些行为是被扭曲的。一般说来，人们对于越是得不到的东西，越想得到，越是不能接触的东西，越想接触，这就是所谓"禁果逆反"。现代中学生多数具有强烈的好奇心，受好奇心的驱使，他们喜欢新事物和新知识。心理学研究表明，好奇心过强能形成一种特殊的心理需要，这种心理上的认知需要可以转化为学习活动的动机，诱发学习兴趣，促使和推动学习者去探索有关的事物和认知信息。做恶作剧的孩子就是认为"被禁的果子是甜的"，强烈的好奇心驱使中学生有时甘冒受惩罚的风险去尝也许并不甜的"禁果"。

三、班主任对学生起哄恶作剧的引导策略

中学生的"恶作剧"，常常会把班主任教师推向进退维谷的两难境地，使教师处于难以抑制的消极情绪之中。那么，作为班主任，应怎样对待学生的"恶作剧"呢？

（一）要保持平和的心态

教育的目的是为了启发学生的潜力，是为了帮助他们成为一个自信和自立的人，而不是培养学生的依赖性和服从性。这就要求教育工作者在实施教育行为时首先要尊重和理解做恶作剧的孩子。将心比心地设身处地地为犯错的学生想一想。学生天真无邪，他们并不知道如何调整自己的言行来和老师沟通，所以更多的转变要靠老师本身。要正确评价学生的恶作剧，学生的恶作剧是学生幼稚心理的表现，面对学生的恶作剧，要心态平和、保持冷静、巧妙处理。

解放前，上海有一位教授叫姚明辉，体弱清瘦，却总是宽袍大袖，到冬天，他怕冷，头上戴一个大风兜，远看只露出一副眼镜，一个尖尖的鼻

子，一撮翘翘的山羊胡子，很滑稽。一天上课，教授刚走进教室，就看到黑板上不知道谁用漫画笔法画了一只人面猫头鹰，那人面活像姚教授的脸，姚教授立定看了一会儿，毫不生气，拿起一支粉笔，一本正经地在漫画边写道："此乃姚明辉教授之尊容也。"大家笑了，教授也笑了，那位恶作剧的学生长长舒了一口气，大家对教授都由衷地产生了敬意。

而有的班主任为了维护自己的"师道尊严"，对犯了错误的学生严厉训斥，恶语讽刺，甚至体罚学生等都会伤害学生的自尊和人格，引起学生在心理上产生反抗对立情绪，拒绝接受教师的说教，不愿执行教师提出的要求，甚至故意对抗。我们面对孩子们犯错，一定要保持平和的心态，要把问题了解清楚，帮助他们认识到什么是美，什么是丑，既帮助他们建立正确的审美观点，还要帮助学生掌握正确的与人交往的方法和要领，建立良好的人际关系，求得大家的认同。中学生虽然是小孩，但是他们也有独立的人格。教师与学生之间要建立一种亲密的平等的朋友关系，要相信孩子有独立处理事情的能力。学生遇到处理人际关系失败时，要帮助他们分析原因，明辨是非，以正确的态度去对待。当然，对学生的不合理要求和不良行为老师不能过于迁就，要通过适当的说服、诱导的方法进行疏导。这样，释放学生长期被扭曲的心理能量，是矫正中学生恶作剧的有效途径之一。

(二)热心诱导，切忌放任自流

不予理睬，不是放任不管，而是要利用适当的机会采取有效的措施，对学生进行思想品德教育。班主任可利用个别谈话、主题班会等形式，晓之以理，动之以情，提高大家的认识，培养大家理解别人、尊重别人的思想品质。作为班主任，还可用含蓄的方式向全体学生暗示"恶作剧"制造者给课堂教学带来了坏的影响，收到批评一人、教育大家的效果，只有这样才能在学生的心目中树立一个美好的形象。倘若放任自流，或轻描淡写，"恶作剧"不仅会继续发生，甚至会愈演愈烈，造成极坏的影响。

如四川某中学有一位学生，因为班主任李老师劝他少吃冷饮，他就故意将整钱兑换成零钱，装在塑料袋里拿来交资料费、活动费。他把钱袋往办公桌上一放，对老师调皮一笑，没等老师醒悟过来，他已经一溜烟地跑掉了。这个学生点子多，是班里的活跃分子，在家里父母也奈何不了他。当李老师独自一人在办公室里清点那些零钱的时候，觉得自己被这个学生愚弄了，感到很气愤，想立即把那个学生找来狠狠地教训一顿。可是转念一想，如果这样做，这个学生会因此而对老师心悦诚服吗？如果作为老师这么介意他的行为，那么老师的行为不也和学生的行为一样幼稚、可笑吗？那位学生不厌其烦地将整钱兑换成零钱来捉弄老师，完全是一种不成熟的心态，他只是觉得这样做很有趣。作为教师，我们应该了解学生的这种心理，而不能用报复的心态去处理学生，否则，只能是火上浇油，激化师生之间的矛盾。李老师按捺住自己不满的情绪，及时调整好心态，以一颗宽容的心宽容了学生。在第二天的课上，李老师表扬这个学生勤俭节约，利用平时省下来的零花钱来交资料费、活动费。课后，这个学生主动找老师承认错误，后来，他成了李老师管理班级的得力助手。

面对学生的"恶作剧"，班主任应有健康的心态。首先，教师要抑制自己的感情，切忌以怨报怨；其次，教师要正确评估学生的"恶作剧"，切忌纠缠不休；再次，教师要热心诱导，切忌放任自流。

（三）通过同学评价的方式来帮助学生

我们知道，中学生在心理上要求有归属感，让老师和同学承认他们是班级中的一员，非常重要的一员。因此，他们所做的很多行为是要引起老师和同学们的注意，特别是想引起异性的注意，来证明他们在班级的存在。但是，这些学生又没有认识到，这种行为往往是被扭曲的。所以，班主任可以通过同学的评价，特别是异性的评价来矫正中学生的恶作剧行为。

（四）发挥学生在班级里的作用，建立他们的自信

爱搞恶作剧的孩子往往是比较活泼的学生，他们的表现欲得不到正常途径的释放，这种能量的积聚会导致他们惹是生非。所以，班主任可以利用他们的这种心理，发挥他们在班级里的作用，让他们获得一些受老师表扬的机会。譬如，可以设置一些岗位，如出黑板报、主持班队活动等等，让他们去负责一些班级里的小事情，做得好的学生及时表扬，每周进行一次总结。同时，有的学生可能不愿意参与，可以由其他的同学带领，在刚刚开始的时候，只是要求他们能参与就行，后来慢慢地提高要求，逐渐地他们便会融入到班级建设中来。

第六章　心理"问题"生

教师的爱是滴滴甘露，即使枯萎的心灵也能苏醒，教师的爱是融融春风，即使冰冻了的感情也会消融。

——巴特尔

第一节　叛逆问题

随着现代社会生活节奏的加快，来自学校和家长的压力，使现代的中学生面临的心理压力也越来越大，这也使得处在青春期的中学生们叛逆的心理越来越严重。青春期在生物学上是指人体由不成熟发育到成熟的转化时期，也就是一个孩子由儿童到成年的过渡时期。德国著名的儿童心理学家夏洛特·彪勒曾把青春期称之为"消极反抗期"，即"叛逆"时期。心理学家霍尔认为，青春期是人类的一个动荡的过渡阶段。这段时期孩子往往出现心理闭锁性，不喜欢向成人吐露心声，认为成人不理解他们，而对成人产生不满和不信任。情绪不稳定，有时激情满怀，有时低沉沮丧。

不管是男生还是女生，都会存在着或多或少的叛逆心理，有的学生表现得比较严重，而有的学生表现则比较轻。中学生的叛逆现象具体表现为以下几个方面。

1. 在家庭中，孩子们非常反感父母询问自己的学习生活情况，尤其对父母对自己的不尊重行为产生厌恶和反感，如父母偷看自己的信件、短信等。大多数孩子对父母的管教，往往嘴上赞同，心里却不服。

2. 在学校里，故意捣乱课堂，使教学不能正常进行，不能完成作业。在老师加以阻止并当学生面进行教育时，个人的自尊心或面子受到伤害，面对老师的批评听不进，反而报以仇恨的目光，甚至与老师发生过激的顶撞行为。讽刺表现好的同学，对老师表扬的同学无端打击、进行挖苦。有的中学生还会在学校里拉帮结派，形成小团伙，打架斗殴、收取"保护费"，犹如黑社会的行为。

3. 在社会上装"酷"，去做一些违反常规的事，如穿奇装异服，成群结队超速骑车，破坏公共设施，大街上乱涂乱写等。

中学生出现逆反心理往往让教师和家长头疼，不知该如何处理。叛逆心理虽然不是一种很不健康的心理，但是当它发展到一定程度时，却是一种反常的心理。需要老师与家长加以正确引导，避免严重后果的发生。

一、典型案例

有这样一位中学生小刘，染了一头黄头发，黄头发中间又夹染着几撮红头发，还喜欢穿新奇的服装，他晓得这些为父母及老师所无法接受，但每当看到父母或长辈瞧见自己这般模样时的表情和表现出来的嗤之以鼻，他就扬扬得意，犹如自己打了胜仗一样。

小刘穿着阳光，哼着流行歌曲，言语、认知、知觉、智能正常，一副对

第六章　心理『问题』生

什么事都无所谓的样子，表现出与父母、老师及社会对抗逆反的心理。父母越叫他认真学，他越不学，气死他们，看他们能把他怎么样。父母不让他做的他偏要做，吸烟、喝酒、赌博样样都会，还经常与同学打架。

经班主任调查了解到，孩子的父母亲一直忙于工作，放松了对孩子的教育和管理，小刘还交上了社会上的不良朋友，有不读书的，有读书的，有学习好的，有不好的，有一个还抽烟，接触期间，经常和三个固定的朋友在网吧玩电脑游戏。父亲管他也不听，父亲就动手打了他，没想到孩子也还手了。最近，父亲见其学习成绩下降，让其去补习班，他说坐在教室的感觉就像傻瓜一样，后来坚决不去，还声称不上学了，打死也不再去学校了。

针对该生的情况，可以看出小刘正处在叛逆期，问题主要出在家庭教育上，因此班主任面对这类学生时要注意方法，不能心急，更不能粗暴对待，可以从以下几方面入手来帮助他。

1. 引导家长做好思想准备

班主任要经常与家长沟通，或者开展讲座，让家长意识到随着孩子的生理成熟，他们渴望有成人感，家人就要注意调整与他们的关系，改善对待他们的态度。要给予孩子一定的信任和独自的生活空间，对孩子的管理做到"内紧外松"。理解孩子这段时期的情绪变化，切不可把孩子的情绪化、逆反行为当成不懂事、不听话、品德有问题来对待。

2. 尊重孩子

尊重孩子是孩子健康成长的基础。尊重孩子就是尊重他们的隐私，尊重孩子就是遇事多同他们商量，尊重孩子就是多注意倾听他们的意见，尊重孩子就是以友相待，尊重孩子就是保护他们在公众中的形象……在这个案例中，父亲不管孩子愿不愿意就让其上补习班，实际上是一种对孩子极不尊重的行为。因此，不论是教师还是家长，都要与孩子平等相处，充分尊重他们。

3. 妥善处理孩子的叛逆行为

在这个案例中，班主任要让孩子的父母意识到，孩子叛逆的原因是因为长期缺乏与父母的沟通，缺乏父母的关爱，再加上青春期的影响才变成现在这样，让其父母要冷静处理，不能激化矛盾，更不能打骂孩子。

4. 注重教育的艺术和技巧

青春期孩子情绪变化强烈，带有冲动性，不善于理智控制自己的情绪，班主任应引导家长学会积极的应对方法。父母跟子女交流时要注意沟通技巧，如跟孩子关系弄僵，可以冷处理，然后也可通过写纸条、发短信等间接的手段再进行交流。父母亲最好了解一点孩子喜欢的东西，如男孩子喜欢的球星、女孩子喜欢的卡通人物等等，这样才可以跟孩子保持近距离，有利于沟通。

5. 与孩子一起承担风雨

青春期的孩子有着各种各样的莫名烦恼，孩子们的烦恼既是飘忽的，也是真实的，教师和家长切不可认为这是孩子的幼稚想法而不屑一顾，跟孩子交流时要有"共情意识"，使孩子觉得父母是自己的支柱和后盾，跟孩子交谈时尽量用"我们一起来"等话语……总之，教师和家长要做到和孩子一起分担风雨，共享阳光。

二、中学生叛逆心理的成因

（一）个体本身的原因

处于青春期的孩子，在思想上开始步入成熟，自我意识也初步形成，

这个时期的孩子，在心理上很需要别人的承认和接受，渴望受到尊重和理解，为了展示自我，他们常常采取一些在我们看来十分叛逆的行为。

1. 神经和激素调控能力差。中学生免疫系统、神经系统发育日趋成熟，对外界的刺激，反应强烈、敏感、快捷，但调控能力还很差，一遇到不顺耳的话或不顺心的事，肾上腺激素就会大量分泌，造成全身血液流动加快，神经过度兴奋，情绪波动，失去理智，行为失控，做出自己平时不敢想象的意料之外的叛逆行为，甚至会引起临时性有意犯罪或无意识犯罪，事过之后又懊悔不已。

2. 知识面狭窄，阅历不足。由于中学生知识面狭窄，社会经验不足，无法体会师长的良苦用心和用意，以为师长的苦口婆心是理所当然或另有所图（为了面子、奖金等），从而出现认识上的偏差，导致片面、偏激、固执和极端化。

3. 心智不够成熟。由于中学生的心智不够成熟，缺乏辨别真假和是非的能力，对善恶、是非、美丑等观念常作扭曲错误的评价，认为胆大蛮横就是"勇敢"、让人佩服就是"英雄"、讲哥儿们义气就是"友谊"。

4. 自我意识增强。中学生正处于心理成长的"过渡期"，其独立意识和自我意识日益增强，渴望被理解与尊重，迫切希望摆脱成人的监护，若按大人的意愿去做就感觉任人摆布，觉得很委屈、很不甘心。为了表现自己的"非凡"，就对任何事都持批判的态度，从而产生叛逆。

5. 精神需求提高。随着年龄的增长，中学生的需求不再只停留在物质层面，他们已开始关注更高层次的精神需求。在生命和安全能够得到保障的基础上，人的需求就主要是精神需求，而在精神需求中，最主要的是尊重需求。中学生普遍存在"谁伤害了我的尊严，谁就是我的敌人"的观念,若遇批评、指责、讽刺等有损其尊严的事,就会产生对抗情绪,形成叛逆心理。

（二）外界环境因素

1.落后的教育理念导致"禁果效应"。"禁果"一词源于《圣经》,它讲的是夏娃被神秘智慧树上的禁果所吸引而去偷吃,被贬到人间。这种被禁果所吸引的逆反心理现象,称之为"禁果效应"。由于中学生处在特殊的发育期,好奇心强,逆反心理重,如果老师把不想让学生涉足的东西如早恋、上网、吸烟等诱惑不进行正确引导而当成神秘的禁果,反而会增加其对学生的吸引力,导致"禁果效应"。

2.欠佳的教育手段造成"波纹效应"。"波纹效应"是指教师对有影响力的学生进行不恰当的批评,甚至采取讽刺、挖苦或惩罚等手段时,引起师生对立、抗拒,导致教师威信下降,激发其他学生跟着故意捣乱,出现一波未平一波又起的现象。这样,一个原先只有几个叛逆者的好班,逐渐成为了有很多叛逆者的差班。

3.陈旧的评价机制促成"毕马龙效应"。如果老师看扁学生,认定某学生是道德败坏、不求上进、不爱学习的,久而久之,该学生就会将这种观念内化,真的表现出教师预设的不良行为,这种现象叫作"毕马龙效应"。

4.不好的校风、班风引发"从众效应"。心理学上把人在社会群体中容易不加分析地接受大多数人认同的观点或行为的心理倾向,称为"从众效应"。如果校风和班风不好,集体中有叛逆倾向的学生多,则会造成更多中学生的叛逆。

5.不良家教和社会风气造成的"综合效应"。首先,青春期是心理矛盾的集中爆发期,此时最需要一个相对安静而稳定的成长环境,而各种不良社会风气的存在,让很多学生失去了这个温馨的"心灵之家"。其次,从家教看,存在着有的是棍棒教育,有的是过分呵护,有的家教缺失,有的事事过问,有的没有目标,有的盲目攀比等问题,这些都使中学生容易产生叛逆心理。

三、班主任对中学生叛逆心理的疏导对策

(一)尽量少责备学生

家长和老师要充分认识叛逆心理是中学生处在青少年时期一个正常的心理特征。不要认为孩子平时的一些叛逆行为是有意跟自己过不去,甚至认为是思想品德问题,而任意责备和批评。由于叛逆心理,不但可能没有好效果,有时反而适得其反。夸奖、鼓励永远比批评和责备的效果好。刘墉曾在一档电视节目中教过为人父母者一招:面对染了黄头发的孩子首先"夸奖"一番。孩子可能就会急于制止你,说一些染发不好看之类的。如此他自己也就意识到染发的影响了,而家长的目的也达到了。这种间接指导比直接的"吹胡子瞪眼"的训斥要好得多。班主任也可以在跟学生谈心的时候,先尽量找到学生身上的闪光点,夸奖学生,这样学生才会真正地跟老师交心,谈话才有意义。

(二)充分尊重学生

叛逆期学生的一个显著特点是自我意识日益增强,渴望被尊重与理解,有强烈的"成人意识",因此,班主任在教育学生的时候要走下神坛,平视学生,充分尊重他们,以平等、友好的态度与他们对话,不专制独裁。可通过设立班级信箱、知心朋友信箱、制定定期向学生征集意见制度、接待家长来访制度、给学生回信制度、班主任定期家访制度等方式来了解学生,关注和理解学生成长的烦恼,走进学生的心灵,了解学生究竟需要什么,知道学生也有对尊严、幸福和生命价值的追求,深刻体察和理解学生作为一个生命个体在成长过程中出现的种种困惑和期待,知道学生产生问题的深层原因,从而做到有的放矢。

(三)提升能力,讲究方法

班主任应加强教育学、心理学知识的学习和提高,充分理解青春期叛逆的心理特征及应对措施,讲究教育策略,学会慎重选择教育手段。首先,教师不能讽刺挖苦学生,特别是个性很强的学生,以防止"波纹效应"的出现;其次,对学生的批评不能超过限度,应"犯一次错,只批评一次",如果非要再次批评,那也不能简单地重复,要换个角度、换种说法,过去了的事能不翻就不要翻,以免引起"超限效应";其三,要从发展的观点去评价学生,形成多元化的评价机制,全方位、深层次、多角度去评价,要克服"毕马龙效应"、"晕轮效应"带来的负面作用。在处理问题时,要对事不对人,正确、客观、公平、公正,多从学生身上找闪光点,让每个学生都觉得自己有存在的价值,提升他们的幸福指数,让他们觉得有生活乐趣和意义,心情舒畅了,逆反心理也会随之降低或消失。

(四)学会倾听学生的心声

学会倾听是一种教育艺术。首先倾听有利于双方的交流。只有充分尊重孩子的权利,孩子也才会信任老师,愿意把真心话掏出来,班主任也才能对症下药有的放矢,帮助孩子;其次,有利于建立一个健康的心理环境。学生有了向教师倾诉内心感受的机会,就会跳出压抑的心境,克服自卑感,从而增强自信心。如果孩子的心事长期得不到倾诉,严重者其内心世界往往容易变得封闭,心态也会变得不健康。倾听孩子的诉说是一把开启孩子心灵之门的金钥匙,能不能让孩子们说心里话关键在大人。只要与孩子有关的决定，都必须事先询问他们的意见。即使是非常不足取的意见，也应该认真倾听并与孩子讨论，尊重青少年的自我感。千万不要强迫他们接受大人的要求。平等民主的教育方式是消除叛逆心理的主要手段。这就要求老师、家长在教育孩子的时候要充分尊重孩子，多以平等、友好的态度与子女谈心，绝不能"专制独裁"。

（五）切忌单纯的说教

倾听是打开孩子心灵之门的金钥匙，交谈是解开孩子心结的密码。有些班主任往往把与孩子的谈话变成单方面的说教，使孩子极其反感。这样不但解决不了问题，反而更容易造成孩子的逆反心理。班主任不仅要站在与孩子平等的地位交谈，而且要注意时间场合。另外，由于孩子处在青春发育期，情绪起伏比较大，所以谈话一定要注意技巧，学会察言观色，抓住有利时机。有时正话反说效果会更好。

（六）优化环境，成就梦想

要注重校园文化，加强校园精神文明建设，使学生逐渐养成良好的道德意识和各种文明习惯；营造良好的校风、班风，让"从众效应"从的是好榜样，让叛逆的学生与良好的校园大环境格格不入；多组织有意义的文体活动，让学生在活动中减压，在活动中发挥才智和特长，在活动中成就梦想，在活动中体现价值。与此同时，要认真办好家长学校，指导教育方法，提升家长的素质，提醒家长不要给子女过大的精神压力。学校、家庭、社区要形成合力，齐抓共管，在给学生一定的自由发展空间的条件下，时刻关注学生的发展动向，发现问题及时将不良现象扼杀在苗头之中。除此之外，学校要定期做一些社会现象和社会知识的专题讲座，让学生深入了解社会，不被五花八门的社会现象所迷惑，登高望远，不坠入网瘾或其他不良习惯之中。

青春是一首歌,她时而充盈着小桥流水般的清新舒畅,时而包容着旭日东升般的激情飞扬,时而蕴藏着明月当空般的温柔典雅,时而又不乏波涛澎湃的刚健粗狂。表现自我、寻求认同、标新立异是中学生成长的足迹。在教育中做到有的放矢,减少与孩子的摩擦,帮助孩子健康快乐地成长,是每个教育工作者的责任。

第二节 考试焦虑问题

考试焦虑是当前中学生中最普遍存在的心理问题,它是学生对即将来临的考试活动的主观预想而引起的紧张不安、忧虑,甚至恐惧的情绪状态,即由考试情景引起的焦虑。

现代心理学研究成果表明,考试焦虑与考试效果之间存在一种被称为"倒U形"的关系,即考试焦虑有一个最佳值,处于此值时,考试的效果最佳;低于或高于此值,都会使考生的考试水平发挥受到极严重的抑制。对于考生而言,最普遍的问题是过度考试焦虑,也就是人们常言的考试焦虑,它对学生的身体和心理健康的危害十分严重。

一、典型案例

程某,男,15岁,某校初三学生。家中共五口人,父母都是农民,感情融洽,程某排行老三,前面有一个姐姐一个哥哥,均未读书在家务农。父母对程某要求严格,希望他好好学习,考上重点高中,将来能够考上大学,若考不上大学将回家务农。程某以乡里第一名的成绩考入县重点中学后学习成绩优秀,深得老师同学的肯定,但性格内向,不太爱与人交往。但是这一个月来,不知为什么,他一到英语考试就非常紧张,注意力无法集中,学习效果不好,而且考试时紧张得连题目都没做完。他也不知是怎么回事。一直在英语上花了很多功夫,却在考试时发挥不好,觉得自己真是太没用了,心里很烦恼,晚上有时要过几小时才能睡着,白天精神也不好。如果这样下去,肯定考不上重点高中,更别提考大学了,到那时就要回家种田,自己的父母和村里的人都会看不起自己的,那样他觉得就完了。

(一)问题解析

程某的心理问题属于考试焦虑,产生这一问题的原因主要有:

1.外部原因。父母期望过高,一旦考不上大学,将回家种田,家人及村里人都将看不起自己,导致心理压力过大;程某在成长的过程中一直成绩优秀,受到家人、学校的肯定,形成自我要求完美,不能出错的错误认知;与老师、家长、同学、朋友无沟通,缺乏社会支持系统。

2.内部原因。在个性上,他追求完美,自我要求过高;在认知方面,他认为自己优秀,存在绝对化和糟糕至极的错误认知;在行为方面,缺乏积极、合理有效解决问题的行为模式;此外,在性格上,他的性格内向,不太喜欢与人交往。

(二)解决方案

面对考试焦虑,作为班主任,可以运用美国著名心理学家埃利斯20世纪50年代首创的合理情绪疗法(简称RET)。

程某的心理问题外在表现为焦虑、情绪低落。该理论强调情绪的来源是个体的想法和观念。合理情绪疗法正是通过理性的分析和逻辑思辨的途径，帮助其以理性思维代替非理性思维，以减少或消除非理性思维给情绪、行为带来的不良影响，促进他的心理的健康和人格的发展，使其达到自我完善。在本案例中，班主任要与程某的父母一起消除"考不好就不能上重点高中"、"不上重点高中就不能考上大学"、"考不上大学就完了"这样一系列不合理的情绪，与其进行交谈和理性分析，让其掌握放松技术，学会进行自我调节，让他逐渐地克服完美主义的要求，学会积极地处理和解决问题。

经过一段时间的训练，程某考试过度紧张情绪基本消除，睡眠和食欲状况得到显著改善，学习成绩明显提高。他能够更加理性地认识自己，自我放松技术在日常生活中运用自如。此外，程某现在活泼、开朗多了，也愿意和同学们一起交往了。

二、考试焦虑形成的原因

学生考试焦虑形成的原因多而相互影响，但概括起来不外乎个体、学校、家庭、社会四大因素，其中以个体原因最为复杂多样。

（一）个体内部因素

由于学生在校学习期间，没有掌握好正确的解题方法，平时训练后没有进行科学的总结，对试题的理解分析能力培养不够，应试技能还不够熟练，再加上平时考试所养成的习惯不好，心理学知识极度贫乏，考试焦虑便自然形成。

1. 成功的期望值太大。有的同学之所以会产生高度的考试焦虑，是因为把考试成败看得太重，把这种成败看得过于绝对，甚至无法更改，把考试的成绩看得同他们的升级、毕业、升学乃至一生密切相关，如有的同学认为如果考不上重点学校，就太不可救药了。

2. 自身的知识基础。有的学生自身的知识与他们过高的期望值之间有一定的差距,一方面学生的基础知识功底不太好;另一方面他们希望能在考试中获得理想成绩,使自己的自卑心得到充分的显示和满足,这些矛盾必然导致学生产生考试焦虑。

3. 对考试取胜的信心很足,没有应对失误等意外事情的心理准备,如遇到考题中有比较多的难题,也会产生考试焦虑情绪。

4. 存在不良认知、完美主义倾向。部分中学生对自己要求过高,存在着"必须要考好,否则就完了"等不合理的认知,尤其是面临升学等重大考试时,更要求自己要考好,使得自己睡不好、吃不好、神经衰弱、考试焦虑。

5. 临考前或考试中身体状况不佳,也会产生考试焦虑。此外,还有已考学科的影响,由于前面考试的科目状况不佳,没有达到预计的理想效果,使学生对所考科目产生畏惧心理,也会产生考试焦虑。

(二)外部环境因素

1. 家庭因素。计划生育政策的实施,形成独生率极高,中学生中独生子女数量多达95%以上。家长对其子女升学的期望值太高,压制了学生的兴趣和爱好的培养,许多家长对子女提出了必须升入重点高中的硬性任务,增加了学生考试焦虑的程度。

2. 学校因素。素质教育现在虽然深入人心,但传统的升学观并没被彻底抛弃。当前,学校仍然以考试成绩作为评价学生优劣的主要依据,从而导致学生考试焦虑的进一步加深。

3. 社会因素。国家政策体制上缺乏更广阔的就业渠道,各个岗位对于学历高要求,导致学生必须要挤在升高中、上大学的羊肠小道上,这就导致了学生在考试中高度的竞争和极大的精神压力。

三、班主任应对考试焦虑的对策

（一）班主任要注重对学生进行自信训练

考试焦虑产生的一个最根本原因是自信心不足，对学习能力和应考技能评价极端消极。通过对学生进行多重自信训练，逐步转变学生的消极意识，从而循序渐进地削弱考试焦虑。

首先，引导学生观察发现消极的自我意识。由于学生对自己的消极意识认识不充分，甚至许多同学并不知道自己有消极意识存在，因此，必须逐步引导学生进行自我观察，把自己的生理和心理细微的变化，把自己的消极观点等逐条写在笔记本上，加以分析，与之斗争。

其次，引导学生变消极意识为积极意识。当学生认清了消极意识后，引导学生对消极意识进行斗争便成为关键。例如："我可能应付不了中考。"对这个消极意识，就应该让学生采用理智的思维来分析："成绩很好，复习又认真全面，掌握的知识比较丰富，每次考试成绩都不错，只要科学安排时间，应付中考肯定是没有问题的。"

（二）班主任要引导学生进行放松训练

焦虑是一种情绪，当焦虑形成，学生的身心便处于紧张状态；当焦虑消失，便回复到放松状态。焦虑必定紧张，放松必不焦虑。首先，引导学生意念放松。所谓意念放松，就是让学生静心、排除杂念。通常的做法是让学生把注意力轻松地转移到身体的下丹田，自然呼吸，心平气和，坚持15分钟就可以了。由于学生注意力集中，杂念便无从立足，心静而神稳，从而消除紧张、消除焦虑。其次，引导学生肌肉放松。肌肉放松方法简而易行。可先让整个身体肌肉紧张，然后由自我意念专一指挥，从头至脚，逐步放松。意念指挥某部分肌肉放松时，坚持20秒时间，并反复执行"放松"指令,最后,可达到平静、安详而轻松,精力充沛。

(三)班主任要引导学生做认知评价训练

作为班主任,要让学生对关键性的认知进行正确评价,特别要客观评价个人应考技能,正确定位考试成绩,与终身前途的联系并加以弱化。例如:"中考成绩差,我这一辈子就彻底完了。"这种认知,最易导致考试焦虑,要分析其片面性,让学生摒弃。认知评价越正确,学习心态就越正常,情绪就越稳定,对于考场发挥最为有利。

(四)班主任要开展知识讲座,缓解学生考试焦虑

知识讲座,是中学生掌握知识的重要方式,具有较强的系统性和科学性,能让学生对考试焦虑进行综合性认识。班主任要经常组织举办讲座,在讲座中,除介绍几种缓解考试焦虑的科学方法外,还特别注意给后进生讲解学习归因理论,让其认识到能力和努力是考试成功的根本原因,增强其自信心。

(五)班主任要做好家长的思想工作

家长对学生的考试要求越高,其负面影响就越大。事实上,高要求与高成绩之间没有必然的联系。因此,在家长会上,班主任要积极说服并引导家长不要对子女施加太大的压力,不要确定具体而艰巨的考试任务,从而有利于考生的临场发挥。

(六)班主任要利用宣传栏介绍缓解考试焦虑的科学方法

宣传栏是教育学生、引导学生的重要阵地。在临考前,班主任可以利用宣传栏,把涉及到的相关理论知识介绍出来,让学生在课间休息时阅读理解掌握。其中,特别注意介绍克服紧张的小方法、怯考与考前失眠的科学处理方法。

第三节　人际冲突问题

中学时代是一个人从儿童时代向成人的过渡阶段，这时的青少年具有特殊的心理特征和生理特征，他们更倾向于融入同辈群体，渴望被同龄人接纳，期望得到友谊。人际交往以及在交往基础上建立起来的人际关系不仅影响中学生的学习和生活，而且也直接影响其心理健康和未来的发展。良好的人际关系可以帮助青少年在朋友关系中得到安慰和调节，使他们的紧张心理状态得到释放，情绪趋于稳定与平和。但是由于青少年社会性的发展还不成熟，人际冲突是难以完全避免的，人际交往中的人际冲突是一种常见的心理现象。与他人之间发生的矛盾和冲突会使青少年产生抑郁、忧伤等不愉快的情绪体验，从而影响个体的心理健康、学习成绩，严重的还会导致心理失常。

一、典型案例

矛盾和纠纷在生活中随处可见，给人们的正常交往以及工作、学习和生活均带来负面影响，给人生蒙上一层灰暗的色彩。对于中学生来说，由于他们的思想、思维程度已接近成年人，思想意识已不再像小学生那样单纯幼稚，同学之间的交往已失去了天真烂漫的行为色彩，因而，在中学这个阶段里，人际冲突特别常见，班主任要能正确处理学生的矛盾和纠纷，为学生创造一个和睦轻松的成长环境。

河北某中学的姜老师班上有一位男生与一位女生在值日问题上发生矛

盾。男生跑来向老师诉说道："我昨天已干了值日，今天明明轮到她了，她却把责任一味推到我身上，真是岂有此理！"听了他的诉说，姜老师知道确实是那位女生有错，但是联想到这位男生平时做事喜欢斤斤计较、生怕吃亏的表现，觉得很有必要教给他一些做人的道理。于是，姜老师对他说："她不履行值日职责固然不对，但是，你作为一个男子汉应该在女孩子面前表现宽阔的胸襟，开朗的性格，才能赢得大家的欣赏和尊敬。否则，你将来走入社会，也是难以建立正常的人际关系。"

接着，姜老师教给他处理这个问题的方法，叫他把今天的值日权当是自己的任务，用潇洒幽默的态度向大家宣布，他今天要帮助一位身体不舒服的同学完成值日任务，男子汉多做点没什么。这位男生从老师的话中得到了做人的启示，并按老师的指点做了。结果，他的形象大为改观，同学们都对他刮目相看。后来，姜老师也找到那位女同学谈话，告诉她自己的事情要自己做，要负责任，如果碰到身体不舒服的情况可以跟别人换班或者找人代值日，而那位女生也在羞惭中慢慢改变着，再也没有出现不值日的现象。

姜老师认为在处理学生人际矛盾的过程中，不能就事论事，而要注意训练学生适应社会的心理素质，教给学生为人处世的道理。学生要学会生活，要学会做人，首先就要学会如何与人相处，这些光靠课堂说教是不行的，应充分利用日常生活中出现的问题，对学生进行有针对性的诱导和教育。排解学生的矛盾和纠纷，实际上也可以成为教给学生为人处世的道理的好机会。排解学生人际矛盾纠纷的工作意义重大，对培养学生健全的人格、消除心理障碍等，都起着积极的作用，不容忽视。我们作为班主任应该认真做好这项工作，为学生创造一个宽松愉快的学习环境，促进学生身心朝健康方向发展。

二、中学生易发生人际冲突的原因

中学生人际冲突表现在很多方面，主要有宿舍作息冲突、物品使用冲突、班干部与一般同学之间的冲突、对某一事件或某一同学的某一行为看不惯、对方态度或行为损伤自尊、觉得遭受排挤、妒忌别人、挑拨离间等等学生的日常学习和生活事务方面。这些冲突产生的原因很多，主要有以下几个方面。

（一）个性的不完善

青少年时期是身心迅速发展的时期，但也是社会性发展不成熟的时期。中学生自我意识高涨，以自我为中心，希望别人赞同自己，很少从对方的角度考虑问题，情绪比较激动和不稳定，再加上现在的中学生多为独生子女，受不起委屈，独断专行，听不得不同意见，甚至喜欢扩大事态、攻击别人；或者自尊心弱，有时更容易感到别人的威胁而"先发制人"。他们往往对朋友要求苛刻，要朋友事事时时顺从自己。这些，都为同伴之间的冲突提供了条件。

（二）缺乏人际交往技能

中学生待人大都诚恳、友善，但有时却好心办坏事，问题就出在方法上。如劝说、批评同学时，不能把握好"度"，"忠言"不仅"逆耳"，而且"刺耳"，结果事与愿违，甚至诱发冲突。还有许多中学生对于友谊的理解，朋友的选择，如何在恰当的时候表达好感和爱心以深化友谊，对交往中如何协调处理矛盾、坚持交往准则等等，还存在着不成熟、非理性的一面，在交往中难免有不尽如人意的地方，从而产生一些矛盾冲突。

（三）不良心理品质引发的冲突

部分中学生存在着不良的心理品质，如自私、不负责任、欺骗、侮辱他人等，往往成为校园冲突的直接根源。某些学生性格中的不良因素，如偏激、嫉妒、猜疑、报复心理等，会严重影响人际交往，并在一定的情景下酿成冲突。在个别经常挑起冲突的学生身上，我们还会看到缺乏怜悯、同情心，行为冲动，富于攻击性且不计后果，对人冷酷无情等人格障碍的影子。

（四）社会文化背景不同引发的冲突

中学生家庭背景、生活的社会环境各不相同，形式各异的家庭结构及教育方式，都会在个体成长过程中对其性格形成、行为举止产生深刻的影响。当他们走到一起，生活在一个宿舍、学习于一个班级、进行近距离的人际交往时，冲突就难以避免。

三、班主任解决中学生人际冲突的策略

（一）在处理人际冲突时，要注意方法和态度

1.冷静分析、切忌粗暴

中学生人际冲突的发生往往具有突发性、偶然性，处理起来切忌简单粗暴，否则会导致冲突的进一步加剧，加大解决问题的难度。心理学中有一种训练方法，叫作"五分钟冷静法"，就是说，遇到冲突事件（包括师生之间、学生与学生之间）先不作处理，而是冷静五分钟。再说因为冲突的发生原因是多种多样的，冷静五分钟再处理，可以使教育者能认真分析问题，想好妥善解决冲突的办法，防止粗暴行事，避免加剧冲突。

2.注意方法，谨慎处理

据《北京青年报》（2002年1月4日）报道，北京市某中学高二学生刘

某, 在历史考试中, 因为复习得不好早早地交了卷, 历史老师 (也是班主任) 让他看看历史书, 可他看了一会儿却做起了数学题, 老师生气地没收了他的数学本, 刘某站起来说: "谁给你权利收我的本?" 老师一气之下撕了他的本子, 他也抄起历史书撕碎了扔到老师身旁的垃圾桶。事后, 他又要去办公室撕老师的书, 被同学拦了下来。当天晚上, 他回到家里闷闷不乐。第二天, 刘某和刘某的父亲被叫到班主任的办公室。老师要求刘某在全班同学面前做检讨。刘某说: "做检讨可以, 家长在不行。" 而老师坚持必须要家长在场, 如此反复了六七次。刘某说了一句: "我不念了还不行吗?", 就离开了学校。刘某的父亲以为他回家了, 可到家一看却没有人, 后来, 在一个废弃的工地上发现了刘某的尸体。[1]

一起小小的冲突, 却引发出令人痛心的悲剧, 这本是可以避免的。因此, 作为教育者而言, 应该意识到学校里面的冲突现象可能会时时遇到, 每一次都要谨慎处理。要放下 "师道尊严" 的架子, 民主平等地对待学生, 了解学生的心理状态, 为学生创造宽松而自律的氛围。同时, 处理冲突事件要注意事先的调查研究, 注意顾全学生的自尊心, 谨慎地选择适当的处理办法, 动之以情, 晓之以理, 切忌粗暴行事, 类似刘某的悲剧是不会重演的。

3. 宽容对待, 相互理解

中学生所处的年龄阶段是追求公正和个性化的时期, 但成年人往往忽视中学生自身的特点, 喜欢用成年人的标准要求中学生, 结果容易导致冲突的发生。对于中学生中的叛逆现象, 作为教育者而言, 要学会站在学生的立场上, 理解他们, 宽容他们, 正如一位学生所说的, "在那个最叛逆的年龄段, 是您的宽容与教诲引导了我"。金无足赤, 人无完人。中学生在成长的道路上难免会犯这样那样的错误, 而一个人恰恰是在不断改正

---

[1] 何世福.化解中学生人际冲突的几种策略.湖南教育.2002,9

各种错误的过程中成长和成熟起来的。由于中学生性格和思维的不成熟性和可塑性，给他们宽松、宽容的环境，理解他们的想法，尊重他们的人格，就可达到学生与教师之间、学生同伴群体之间的和谐共处。

班主任必备丛书　中学班主任如何教育『问题』学生

（二）开设冲突管理课程，教会学生如何有效地管理冲突

国外的学校已经纷纷开设冲突管理课程，教育学生如何有效地管理冲突，并形成了许多的案例、练习与教材，这都有利于学生更好地在冲突中学习成长。我们国家在这方面还没有起步，可以在借鉴、探索中前进。比如，可以在课程中创设有关应对教育情景，培养和提高学生实际应对的能力和技巧。如果应对教育的开展只停留在课程和讲座上而止步不前，应对教育势必走上成人化、课程化的模式或误区，失去其应有的意义。所以，应当创设一定的应对情景，使学生有时间、空间进行应对实践，通过应对实践把应对知识转化为应对能力。此外，通过规范、改善学生原有的不良的、非适应性的、消极被动的应对方式，形成良性的、适应性的、积极主动的应对方式。如班主任通过观察班上带有普遍性意义的问题，确定讨论题目，让学生自由组合讨论，"有人抢你的东西怎么办"，"有人给你起外号怎么办"，"被人误解了怎么办"，"听到别人在背后说你坏话时怎么办"等等。这样，通过一定的应对情景，学生积极地参与，其应对意识与能力就能在实践中逐步得到提高，其原有的应对就会得到规范、改善而形成良性的应对方式。

（三）建立健全学校和社会的心理辅导机构，丰富学生的应对资源

丰富的社会支持资源、充分有效的心理资源，是学生积极健康应对的物质基础和心理基础。要继续加强和完善学校的心理健康教育软件和硬件设施建设。软件设施建设，如加强对专业心理咨询工作者和各位教

师的培训和队伍建设，使每一位心理咨询工作者和教师都积极关注学生的心理健康教育。硬件设施建设，如优化心理咨询室内外环境，设置"解忧信箱"等心理咨询机构，提高其利用度等。

应对教育的开展，除了学校要负起责任外，还需要广大家长和社会的积极参与。在社会方面，要从思想认识和舆论等方面更多地关注学生的应对状况，使之在全社会营造一种重视对学生进行应对教育的良好氛围。作为家长，要有意识地多给子女讲解一些有关应对方面的具体知识，锻炼他们的应对能力。总之，只有学校、家长和社会通力合作，协调一致，相互补充，应对教育才能有实效，也才能真正促进学生的身心健康，提高素质。

第四节　早恋问题

中学时期，由于学生年龄小，思考问题不全面，自制力较差，对什么是真正的爱情、怎样才能赢得真正的爱情之类的问题认识往往是朦胧、含糊不清的。过早涉足爱河容易迷失方向，种下"苦果"。这种早恋往往带有盲目性、模仿性和不稳定性，如果得不到正确引导，很可能会产生一些不良后果，轻则导致学生成绩下降，重则可能造成学生压力过重，产生心理障碍，甚至走向极端。尽管如此，依然有许多中学生迷恋着苦果外面的那层糖衣，于是，往往是"甘尽苦来"，一切都悔之晚矣。

中学生早恋是班主任最头疼的问题之一，因此，班主任在面对微妙的男女生间的关系时也特别敏感。在日常的教学中，老师要善于把握学生

的思想动态，及时避免这种问题的出现，预防是最好的解决之道。如果真遇到这种问题，就需要老师耐心地引导，智慧艺术地处理，而不是强硬地"拆散"。如果老师都能够尊重他们的感情，同时用恰当的语言、艺术的方式给予正确的引导，就能够收到好的教育效果。

一、典型案例

静，女，15岁，初三学生，是班级的英语课代表，学习一直很不错，文静，害羞，很少和别人说话。但是最近她上课老走神，成绩明显下降，开始注意外表打扮，经常改变发型，换眼镜，有时上课还偷偷拿出镜子照一照。班主任吴老师早对这些变化看在眼里，并且吴老师还发现她经常给一个邻桌的男生写小纸条，有一次被吴老师没收了，这个小纸条上写着："军：这几天满脑子都是你的影子，怎么甩也甩不掉，上课时心神不宁，一下课总想和你待在一起，又怕大家说闲话，只要你不在，就会猜测你去哪里了，看到你和其他女孩子说话，心里就会妒忌，回家做作业时也常常想入非非，我也不知道是怎么回事。不知你能否明白我的情感？静。"吴老师看了一下，没有做任何表情和反应，只是当作一次普通的传话纸条进行没收了。

（一）问题分析

每个孩子在成长过程中都要经历一个特殊的时期——青春期。静的行为正是进入青春期的一种表现，是正常行为。因为进入青春期，中学生的生理、心理都产生很大的变化：随着性器官及其机能的发育成熟，处于青春期的中学生的性意识也开始萌发，并构成了青春期最突出的心理特征之一。主要表现为对性别差异开始有了新的体验，对性角色规范有了新的感受，男同学往往以知识面广、勇敢、潇洒大方、心胸宽广、好胜、健谈等来表现自己的"男子汉"风度；而女同学则尽量表现自己的文雅、细心、温柔、自尊、漂亮……此时的异性之间又变成开始好奇、接近、接受和爱慕。

(二)解决方法

面对这种情况,当了十多年班主任的吴老师很有经验,她认为针对学生的情感变化首先不能草率行事,羞辱学生,一棍子抹杀,最好淡化处理。吴老师认为作为老师虽然经历过青春期,但也要先反问自己是否对青春期有关知识学习透彻,是否对有关性意识、性道德的知识,青春期性意识的特点了解有加。如果不是这样的话,老师先要自己学习,从书本、杂志、网络……多种渠道,学习知识,借鉴他人处理类似事件的方法,然后对症下药,因势利导。尽管吴老师对这方面知识了解得很多,她还是利用空余时间查阅了相关资料,找找类似事件的处理技巧,然后再抽空找静谈心。

第一次谈话是一个周二的晚餐后,吴老师看见静一个人在楼梯上走,此时正好办公室里没有其他老师,吴老师就试着问静:"静,我想和你谈谈心好吗?"静看见吴老师的态度很诚恳,似乎是朋友间的询问,便说:"好的!"

吴老师先和她随意聊聊最近的一些学习和生活情况,然后和她谈起了自己的青春期。吴老师说:"当我和你差不多年龄时,我对班上的某个男生也有了好感,那时候男女生都很封建,只能把好感埋在心里,但生理上的冲动还是时常会出现,我也曾写过日记,又怕被老师和家长发现,就都撕了,最终还是全写在了心里。"静一直默默地听着,她低着头不敢说话,仿佛在等待着训斥和责骂。过了一会儿,吴老师却对她说:"想不想听后来我们怎么样了?"静很诧异,然后点点头,说:"好的。"

吴老师接着说:"我和那个男生从没有单独来往过,只是相互间有些好感。中学毕业了,考到了不同的高中,然后,我们就再也没有联系了。直到一次同学聚会,大家见面说起中学的事情,觉得还真是一段美好的回忆。"通过这样的交谈,吴老师想告诉学生的是,老师和你们同龄时也对异性产生过好感,那是正常的,青春期的男女自然是异性相吸的。这时静心情放松了好多,于是吴老师又接着说:"以我的例子看,要使自己的学习专心些,就要把那份好感埋在心里,什么年龄做什么事情,老师会在学习上尽力帮助你。"

通过这次谈话,静再也没有传小纸条的现象,学习专心多了。两个星期后,吴老师再次找来静,没跟她谈什么,只是给她看了一些关于青春期的故事和名言,如:"有一些人,即使心中有了爱,仍能约束它,使它不妨碍重大的事业。因为爱情一旦干扰情绪时,就会阻碍人坚定地奔向既定的目标。——培根"

此外,吴老师认为对处于青春期的中学生还应该经常组织一些集体活动,鼓励学生积极参与集体活动,使他们成为集体中活跃的一员,保持男女同学之间正常的友谊,不要让友谊专注在某一个人身上。尽量不要单独与某一异性同学相处。

(三)结果与反思

经过一段时间,静重新找回了自己的位置,明确了自己的学习目标,还在继续做她的英语课代表,吴老师也相信静在今后的学习生活中能把握方向,走好自己的路。

青春期的爱恋是正常的生理需要,是人性的天经地义,不要以成年人的高度来俯视孩子,加以贬低。有的学生明知道中学生不能谈恋爱,但无法控制自己；有的学生经教育后很想与对方分开却总忍不住偷偷去想他（她）；有的学生在分手后因为感觉空虚、无聊，又会重新开始。过分反对早恋，孩子们的逆反心理亦会变得更加强烈。结果不仅不能消除早恋的现象，还会加重成长中对交往的需求与性压抑之间的冲突，会给许多中学生带来负罪感和焦虑感，对他们的心理健康产生较大的消极影响。

任何事情都具有两面性，面对学生的情感变化，作为班主任，要尊重学生的人格，要立足于促进学生心理的成熟，要耐心细致，讲究策略。允许他们有自己的看法，因势利导，引导学生正确认识自己的情感变化，为他们的成长创造宽容与和谐的氛围，相信他们对自己是负责任的。所以处理早恋问题不能一蹴而就，而要经过持久的、细心的工作，才能达到教育的效果。但也切忌把学生的早恋问题天天挂在嘴边，引起学生的反感。

二、中学生早恋的原因

（一）中学生的身心发展特征

1. 初中生的生理发展特征。中学生正处于生理发育期，这个时期生理上变化多端，发展迅速，主要包括形体、生理机能和性的发育与成熟三个方面。这个时期初中生的第二性征发育明显，男性肌肉强健，女性身材丰满，性器官发育，性机能成熟，各项指标接近于成人水平。生理上的变化使得学生对异性充满很强的好奇心，渴望了解、接近对方。如果此时家长和教师没有及时进行性教育，揭开其内心的疑惑、好奇，就在某种程度上促成了初中生间的正常交往发展为早恋。

2. 初中生的心理发展特征。专家认为，整个中学阶段的学生心理具有过渡性、闭锁性、社会性和动荡性四个主要特点。这个时期的学生自我感觉以为成人有知识、有经验、有能力、有气魄，希望能够得到异性的接纳和赏识;同时有强烈的自尊心、自信心和逆反心理,渴望与异性建立友好的关系。"这个阶段是自我意识和第二次觉醒与高潮的时期,孩子们出现了强烈的独立意识,希望有权利独立思考和处理自己的事情,把老师和家长的教育和关怀看成是获得独立的障碍、自身发展的束缚,产生了反抗一切的逆反行为。而且随着知识和经济的全球化、网络时代的到来,他们比前辈们成熟得要早得多,民主意识也很强烈。他们追求自我,腔调与众不同,不愿随波逐流。"

(二)新时代家庭的各项变化促使早恋的发生

随着社会的进步,家庭规模逐渐缩小,三口之家越来越多,单亲家庭也不断增多。父母很多事情都以孩子为中心,过分注重为孩子提供良好的物质生活条件,但忽略了孩子的心理发展需求,没有给他们营造良好的精神生活氛围,可以说很多孩子的内心是孤单寂寞的。大部分学生家长忙于工作,很少有时间陪孩子玩耍、辅导功课和谈心,造成家长和孩子缺少沟通。而作为独生子女,家中缺乏同龄玩伴和同龄人作为倾诉对象,也客观地造成了孩子的孤单寂寞。随着孩子的长大,父母与子女之间的情感交流越来越少,导致孩子不能很好地与父母沟通,尤其当遇到问题时不愿也不会从父母那里寻求帮助。此外,很多家长对友谊和恋情存在认识上的误区,但凡发现异性学生间交往频繁就过度紧张、捕风捉影,严重影响学生间的正常交往,从侧面促成了学生的恋爱。

(三)成人对早恋的态度以及学校管理手段的强硬影响学生的情感方向

教师但凡发现男女学生经常一起出入,生活和学习上交流频繁,就立即横加干涉,不断找学生谈话,大讲特讲早恋的危害,更有甚者,严令禁止男女学生交往，一有情况就开班会点名批评，严重伤害学生的自尊心。一些"神经过敏"的学生，也往往把这种现象议论为早恋。许多本没有恋爱意味的举止行为在被干涉、被议论之后，因为孤立无援和青春期的叛逆通常会使他们产生内聚力，索性光明正大地谈起恋爱来。

有的学校因早恋问题就把学生开除。这或许是学校对于行为失范学生一贯的惩罚，或许是对在此方面蠢蠢欲动学生的一种警告。大多数人似乎都会认同对于这种行为失范学生的惩罚，因为这一直是学校内教师和学生都默认的不成文的规定。然而不管是国家法律、教育法规还是学校内部学生的日常行为规范守则上都没有明文规定禁止学生恋爱。可是如果将早恋的学生赶出学校作为管理手段，那么赶出学校的学生的未来发展又该由谁负责呢？这实在是与学校的"育人"功能相违背的。

(四)在快餐文化下，互联网的普及和性开放推动了中学生的早恋

快餐文化的逐渐盛行和西方性观念的入侵，使得影视作品里随时可见异性亲吻甚至性交的暴露场面，书籍里也有大量赤裸性感的照片。此类不健康信息充斥着初中生的生活，对其进行着各种各样的熏染。互联网的普及更方便了他们对此类信息的获得，也更会使一些格外敏感而身心和知识水平尚处于发展状态的初中生的性意识活跃起来，都对早恋起到推波助澜的作用。目前，网络通讯、无线通讯已经普及，绝大部分中学生都有自己的QQ、手机，而发达的交通工具、通讯网络更是在短时间内就能把人快速送到想去的地方。这就给恋爱的双方交流、见面提供了便利的条件。情窦初开的青少年学生想象力丰富，自控能力差，往往因在现实生活或是网络上的一次"邂逅"，就会导致一场稀里糊涂、轰轰烈烈的"恋爱"的发生。

三、中学生早恋的危害

处于青春期的中学生,他们的社会、心理特征已与儿童明显不同,但其心理发展还不成熟,自控能力差,还未具有完全责任能力。一旦陷入"早恋",男女双方往往不易控制自己的情感和生理冲动,容易产生情绪失常和身体接触,甚至"越轨"。所以,"早恋"对青春期学生本身具有很多危害。

1. 早恋浪费感情,成功率低

中学生对人生、对社会、对世界、对感情的看法还很幼稚、片面,情感很不稳定、起伏性大,得不到家庭、社会的认可,根本不具备进入婚恋领域的条件。这个时期的"爱情"没有牢固的根基,遇到转学、升学或是其他一些变故,往往就会无疾而终。失败的"恋爱"经历势必会影响人的情绪以及对美好爱情的憧憬,可谓得不偿失。

2. 早恋分散精力,贻误前途

处于早恋中的中学生极易为情所困,成天沉浸在"爱"的甜蜜之中,消耗大量的时间和精力,难以再有足够的时间和精力应付繁重的学习。青少年正处于长知识、学本领的黄金岁月,早恋分散了精力,势必会贻误前途。

3. 早恋涣散集体,损伤友谊

恋爱具有强烈的排他性,早恋学生总喜欢与恋人单独相处,不愿或拒绝与他人交往,不愿参加集体活动,天长日久,将造成正常的同学、朋友关系生疏,脱离集体大家庭。

4. 早恋双方感情冲动,极有可能遗恨终生

恋爱中的青少年情绪容易冲动,加上心智尚未成熟,自控能力差,很

容易越轨。一旦越轨，将会给当事人双方尤其是女生造成沉重的心理压力和精神创伤，有时候这种创伤往往是终生都无法弥补的。

5. 早恋缺乏经费，容易诱发犯罪

谈恋爱需要一定的物质基础，而中学生经济上尚未独立，家长也不会支持早恋行为。为了维持这种带有明显炫耀色彩的恋爱行为，有的人误入歧途走上犯罪道路。

四、班主任预防和疏导中学生早恋的对策

中学生早恋是青春期的正常心理和生理反应，那无非是一种感情的萌动。面对早恋，家长和老师板着面孔说教、训斥，只会推波助澜，使学生越陷越深。对待早恋应该疏导而不是硬堵，更不应该扼杀。多跟学生沟通，理解他们的感受和想法，进行适当的心理和行为引导，让孩子悬崖勒马，不再飞蛾扑火，做不必要的牺牲，这才是理智的态度。

（一）客观定位，耐心疏导

早恋是青少年性生理成熟提前造成的，是中学生成长过程中的常见现象，但这样的感情不稳定、不持久，还不是真正的爱情。班主任对正处于早恋的学生不要强行拆散、恶语相向、粗暴干涉，要正确引导他们，也要和他们交朋友，多谈心多沟通，从而帮助他们处理好关系，使他们走入生活和学习的正轨道路。

（二）真诚理解，尊重关爱

老师和家长一旦发现孩子早恋，往往会感到愤怒，其实青少年在这个年龄段早恋与道德品质的优劣无太大关系。作为班主任，要积极引导他们领悟人生的真谛，让他们懂得什么是最美的情感，让他们活在充满爱的世界中，让他们在人生的漫长道路上领略真正的快乐。教育他们最明智的做

法是止于好感止于知心朋友,教师要用真诚来进行教学,使学生理解教师,要用恰到好处的方式和方法引导学生健康成长。

(三)正确引导,转移情感

班主任要积极组织学生参与丰富多彩的校园文化活动,要引导他们把课余时间和精力转到学习和比较健康的业余爱好中去,多参与一些有意义的集体活动。少男少女抒发情怀,转移视线,让他们在繁忙、快乐中度过每一天,再无暇、无心去谈情说爱。

(四)合理监督,家校合作

正处于求知和学习关键时期的中学生,各方面都要依赖于家庭和学校。班主任要经常开家长会,引导父母正确看待友谊和早恋,让父母学习和掌握一些在教育子女方面的经验和实践,还要恰到好处巧妙运用其中;家长要引导孩子树立正确的消费观和情感观,创设有利于孩子健康成长的心理氛围。班主任在教育教学中应侧重于加强与中学生的交流与沟通,合理监督、积极指导,因为教师对每个学生所持的态度、所做的评价以及所采取的教育手段和方法,都会直接影响学生正确自我认识的形成。

(五)净化环境,营造氛围

班主任要积极构建青春期性教育和心理健康教育体系,真正让青春期性教育和心理健康教育进入学校、进入课堂、进入学生的学习生活。应该狠抓常规管理,抓好日常行为规范教育和纪律教育、道德教育。呼吁整个社会净化社会环境,加强社会监管,创建青少年活动基地,开展多种多样的社区文化活动,把青少年作为社区的生力军,让其参与社区事务活动,为青少年营造良好的成长环境。

总之，中学生的两性心理太敏感、太脆弱，经不起任何的风吹雨打。处理中学生的情感问题，不应一味否定、压抑，而应冷静和科学地了解它、解释它、驾驭它。这就要求班主任具备智慧和才干，有更多的同情心和更广博的知识。除做合理的限制外，在具体问题的处理上应巧妙进行疏导，淡化他们对异性的神秘感，转移他们的注意力，将这种情感引入到发展学生智力和树立良好的思想道德品质的轨道上来，让友谊之花结出理想的果实。

第五节 盲目追星问题

当今社会，对于中学生而言，明星成为了他们心目中偶像的主要形式，而追星也就成为了当今青少年偶像崇拜的主要内容，所以追星在某种意义上也叫"偶像崇拜"。有调查显示，80%-90%的人都在青春期产生过偶像崇拜。每一个孩子，在成长的道路上，都需要榜样影响自己的言行，引导和启迪自己的理想和人生。很多伟人在青少年时代，都有着自己心目中的偶像。他们也曾经是追星族。因为男孩、女孩正在成长中，他们在感情上要找寻一个目标，偶像就是他们渴望的"形象化"的目标。若某个人成为青少年心中的目标，自然就是他们感情投射的"载体"。不论是同性还是异性，陷入崇拜的少男少女们往往表现为着迷于所倾倒对象的一举一动；在将对方偶像化的同时，还不同程度地体验到强烈的精神依恋。影视歌星、主持人、体育明星等因其特殊的社会角色，很容易诱发青少年的崇拜心理，崇拜程度深浅不一，极端的表现就是单相思。

青少年的偶像崇拜心理有其积极的意义,对年轻人是有一些激励作用的。比如:心中有了崇拜者就有了一个参照物,就会通过模仿、暗示等心理机制,使自己在行为方式上效仿偶像。也有的人为了拉近自己与偶像的现实距离,而发奋求学刻苦攻读,有所发展和进取。但是,偶像崇拜总是带有一定程度的盲目性,也即盲目崇拜,甚至到发狂、发疯的地步,这对于中学生的成长极为不利。如果一个人总是把对偶像的崇拜停留在幻想上,就不再具有激励作用,只能是在海市蜃楼上编织感情的故事了。一旦他们在追星中迷失了自我,荒废了自己的学业,虚度了青春大好时光,常常为时已晚,难以补救,令人后悔莫及。因此,班主任应该从身心健康的角度对盲目追星的中学生进行指导,以正确地引导他们的追星行为。

一、典型案例

福建省某中学的郭老师记得他教过的班级有一个初二女孩叫李丽(化名),说话像开机关枪,一副天不怕地不怕的样子,连班上的男生都惧她三分。她声称自己最崇拜的人是赵薇饰演的《还珠格格》中的"小燕子"。她要做一个活泼开朗、心直口快、敢作敢当的女孩。想法倒是没错,可是她的举止实在让班上的学生受不了。走路时,她横冲直撞,谁要是敢言语,立即来一句:"怎么样?想让我请你吃一顿霸王餐?"做操时,她懒懒散散,要求她拿出精神来,她眼皮不抬:"我很讨厌做操的。"难道这就是她所说的"活泼开朗、心直口快、敢作敢当"?

作为班主任,郭老师看在眼里,急在心里。通过家访,了解到她在家经常看《还珠格格》,而且看了很多遍,买了很多海报、贴纸,花了很多钱,还经常哼唱里面的歌曲,学"小燕子"的样子讲话,有时还吵着要去找"小燕子",家长说她也不听,他们也没有办法。看到老师来家访,家长希望老师能够帮助孩子。

有一次在学校里，郭老师刚布置完课堂作业，有几个男生问："老师，写在哪里？"郭老师觉得他们没有仔细倾听，故意不理睬他们。李丽见状，忽地站起来，双手叉腰，眼睛瞪得溜圆，大声训斥："写哪里，写哪里，写在老师的脸上。"男生们便不吭声了。可是没过多久，她自己倒跑过来问郭老师："老师，写在哪里？"郭老师没有生气，反而把这几个没听清作业要求的都叫到办公室，想跟他们谈谈"倾听"的重要性。几个男生先到了老师的办公桌前，郭老师正在跟他们谈话，李丽风风火火地进来了，把挡住她的两个男生往旁边一推，嘴里咋呼着："老师，我来了。"见此情境，郭老师灵机一动，决定从她崇拜的偶像"小燕子"入手，跟她细谈一番。"李丽，听说你很喜欢'小燕子'，你喜欢她什么呀？""有一个姑娘，她有一些任性，她还有一些嚣张；有一个姑娘，她有一些叛逆，她还有一些疯狂……"到底是孩子，她居然还唱起来。"郭老师也喜欢小燕子呢，你喜欢她什么？"一听说老师也喜欢"小燕子"，从来不正眼跟别人说话的她，竟紧盯着老师的脸，像是要从老师的脸上找出答案来。郭老师早有准备，说："我喜欢她的情深义重呀，她为了紫薇能奋不顾身地去闯围场、见皇上；尽管自己当了格格，却跟'明月彩霞小邓子小卓子'打成一片。我还喜欢她的嫉恶如仇，遇上恶霸欺负平民，她二话不说就把这些人打个落花流水；尽管皇阿玛是她最爱的人，但是非分明的她还是义不容辞地把香妃娘娘救出了皇宫……所以呀，她是我心目中的'巾帼英雄'。"就这样，郭老师和她一直在聊"小燕子"，李丽更是眉飞色舞，手舞足蹈的。

过了两天，郭老师又找来李丽，继续跟她聊"小燕子"身上的优点，聊到她兴致正浓的时候，郭老师又说："其实，人无完人，郭老师是，'小燕子'也是。每个人的身上都有一些不足之处，只是要看各人如何对待自己的优缺点了。你知道'小燕子'身上有什么缺点吗?"她想了想,说:"小燕子做事有点粗心大意,还有自我克制能力也比较差。"郭老师进一步说:"是呀,可是这不影响我们喜欢她,因为她身上有很多值得我们学习的地方,当然,缺点可不能学哟。"

就这样,一只活泼可爱的"小燕子",一只重情义、敢作敢当的"小燕子",栖居在了李丽的心中,而一些不文明的举止渐渐消失了……

"追星"是青少年时期最鲜明的"青春符号",是孩子成长过程中的一种生活体验。郭老师认为作为班主任,我们要认识、接纳他们的这一特点,不能蛮横粗暴地干涉禁止、一概反对,更不能放任自流,而要积极引导,与他们一起寻找偶像身上的价值,在"导"中把偶像崇拜拉回正道,不能让他们"盲目追星"。

二、中学生盲目追星的表现

中学生处在心理学称之为人生发展过程中的"心理断乳期",这也是人生中最起伏跌宕、躁动不安的一个转折时期。这一时期的青少年是非分辨能力不强、理性思维欠缺、易受外界的影响,具有求新、求异、好幻想的心理,是人生观、价值观形成的关键时期,偶像崇拜将影响其一生的发展。中学生追星往往具有一定的盲目性,存在的问题主要集中表现在以下几个方面:

1. 偶像面窄化,潮流化

团中央、宣传部、中国青少年研究中心不久前对青少年偶像崇拜现象进行专题调查,调查显示,目前青少年中普遍存在着"偶像崇拜"现象。被调查的青少年中,崇拜外国和港台"明星"的人占60%多。而崇拜的偶像中,99%以上是影视界和体育界"明星"。演艺界"明星"占学生偶像的

72%，而体育等若干领域的名人仅占28%。仅从得票的多少来分析，得票率最高的5人是清一色的港台明星，如刘德华、古天乐等。从以上资料可以看出，当前的中学生追星潮流化，歌星、影星是青少年偶像崇拜之首选。

2. 过分崇拜，盲目消费

由于过分崇拜明星，成为"追星族"，令许多青少年或多或少都会直接参与明星的相关活动。如看各类明星的演唱会、歌友会、义卖活动等，或间接购买明星物品，如唱片、画册、光盘、明星所代言的品牌等，这些消费无形地会增加青少年的消费。据调查，部分青少年在自己偶像身上花费的开销占他们零用钱的60%以上。一位女孩在日记中这样写道："我是一个追星族，每到'快乐女声'海选的时候，我更是狂热，一有空就发短信。去年，短短的10多天，我就用掉200多元电话费。妈妈把我狠狠地骂了一顿，我觉得自己过分了一些，想控制自己，可是又无能为力，只要一有关于她们的消息，无论是报纸还是电视，我都会放下一切，兴奋地看起来。"

3. 疯狂痴迷，荒废学业

正确的崇拜偶像对青少年有一定的好处，但反过来，疯狂沉迷地崇拜偶像却是一种不理智的行为。有一些青少年极度沉迷自己的偶像，无时无刻不想着他，哼着他的歌，把他当作生命中的一部分。如现在的人气偶像Twins，她们是很多青少年的超级偶像，每次听到她们的名字青少年们就会立刻扑到电视机前，把一切功课、作业、测验置诸脑后，学习时会偷偷翻看杂志阅读关于她们的报道。还有的青少年为了得到偶像的签名、握一次手，就会在场馆中你推我挤、爬栏杆等，甚至为了有更近距离的接触而与偶像的车在马路上追逐。

4. 神化偶像，过分认同和依恋

由于过分认同和依恋，易使青少年学生对其崇拜的偶像想入非非，并做出不切实际的幻想。如刘德华、费翔等明星成名后，许多女孩说"将来非刘德华或费翔不嫁"，幻想能成为他们的女朋友或妻子。都说偶像崇拜有一种魔力，它可使人情愿陷于某个偶像人物，朝夕相望而不觉其厌，日夜相顾不觉其烦。很多中学生在偶像崇拜中就是把心目中的偶像人物当作一尊神，认为在偶像身上表现的都是完美无瑕的，都是纯洁美好的，他们是世上最完美的人物。

三、中学生追星的原因

追星在当今的中学生群体中是一种普遍现象，它产生和兴盛的原因很复杂，既有中学生自身的生理和心理原因，也受整个社会大环境变化的深刻影响。

（一）中学生特有的心理因素

1. 情感寄托。中学生对父母的依赖感，随着年龄的增加，必须经历一个"情感断乳期"。偶像寄托着他们对人生梦想和完美境界的欣赏和向往，他们通过对不同偶像的认同、依恋、追求和模仿，来确定自我存在的价值，寻找自我发展的潜能。

2. 人际吸引。由于广大中学生在这个年龄段还没有建立一个良好的自我认同，关于自我的形象还不稳定，于是产生了"现实我"和"理想我"的冲突，他们容易过分地挑剔自己。而明星与中学生年龄相仿、心理相融、行为相似性较高，容易引起他们的情感共鸣。

3. 青春萌动心理。中学生生理上逐渐成熟，性别特征日趋明显，逐渐萌发了对异性的好奇和向往。中学生的内心、情感敏感而又丰富，萌动而又朦胧，当欣赏到触动他们心灵的明星歌唱他们也有的心情，演绎他们也有的故事，就像找到相见恨晚的知己，那种喜欢和崇拜之情油然而生。

4、归属的需要和从众心理。马斯洛的"需要层次"理论将人的需要按层次划分为六种需求，而"归属和爱的需求"恰好是青少年要面对的最主要问题。中学生脱离了对父母的依赖而产生的"情感真空"需要有"替代品"来填补，他们来寄托于所属的群体。为了克服脱离群体而产生的孤独感，他们需要加入到团体的思想和行为之中，为了能够得到团体的认可，个体会自觉或不自觉地做出同样的行为。

5、模仿心理。青少年的一个最明显的个性特点就是表演性人格，他们渴望自主，期待展现自我，希望自己成为大家注目的焦点，所以在人前格外注重自己的衣着打扮、言行举止。因此为了与之趋同，达到相似的效果，理"明星式"发型、穿"明星式"服装、讲"明星味"语言成为中学生热衷的行为。

（二）社会大环境因素

1. 现代信息传播正向高速化、大众化、娱乐化、商业化发展。"大众传媒的迅速发展与广泛普及，营造了一种媒体社会，带来了一个传媒时代"。首先，媒体工具越来越多样化，使得中学生们频频接触偶像，认识偶像，大大拓展了其偶像崇拜的空间。其次，大众传媒不惜代价以其强力而富有变化的制作手段，传播偶像的信息，从而极大地增强了偶像的真实感和亲近性。第三，传媒机构采取一系列的美化手段对偶像实施"生产和兜售"，并不断制造出新的偶像代替旧的偶像，刺激中学生不断投入到这种无止境的偶像消费之中，这也成为导致中学生偶像崇拜具有易变性特点的原因之一。

2. 现代化进程中的文化转型效应。随着社会环境的不断开放，文化氛围逐渐宽松，人们的精神需求日趋多样化，大众文化、时尚文化和消费文化悄然兴盛。影视、音乐和体育界的明星，他们"一夜成名"便家喻户晓，形成比其他领域强大得多的轰动效益。就社会文化的整体格局而言，精英文化、高雅文化、理性文化的领地逐渐缩小，而大众文化、通俗文化、感性文化的地盘日益扩大。在这种文化转型的环境中，中学生更容易找到属于自己的娱乐方式。他们在偶像崇拜中享受到刺激和情感带来的满足。

3. 社会转型时期价值观念的变迁。改革开放以后，我国开始了从乡村社会向城市社会、从农业社会向工业社会、从伦理社会向法理社会的转型，这种由传统社会结构向现代社会结构的转型，深刻地影响和改变了人们的价值观念与行动取向。受价值观念变化的影响，人们精神世界的偶像类型也由政治型偶像、生产型偶像、神圣型偶像转变为商业型偶像、消费型偶像、个性化偶像。

（三）家庭、学校教育因素

家长及学校"以成绩论英雄"、"片面追求升学率"的传统，使青少年的大部分时间都处于紧张的学习当中。中学生向往多姿多彩的现实生活，但学习、考试、升学、就业等压力以及传统教育的淘汰制、等级制等使他们不堪重负，并使他们始终处于高负荷的心理压力之下。虽然"素质教育"喊了很多年，但目前我国中学生的自由时间仍然被繁重的课业挤占所剩无几，"寻找快乐"的本性在漫长的学习时间里被无奈的现实严密地封锁，于是在剩余时间里，他们高度浓缩、聚集的孩童本性就不顾一切地寻隙溢出，冲向弗洛伊德所说的"本能"的快乐。他们投向了明星和偶像，投向了音乐和网络,投向了大众传媒的娱乐天地。

追星可以使他们忘记那些不快与压力,他们全身心地投入对偶像的极度崇拜之中,只是为了调解内心的失衡,宣泄心中的抑郁,获得暂时的某种替代性满足,在情感与虚幻的世界里得到轻松、放纵。从某种意义上说,偶像崇拜是青少年寻求的替代性满足。

四、班主任对于中学生盲目追星的引导策略

面对处于青春期的中学生,他们的追星行为往往具有盲目性,作为教育工作者应注意从以下几个方面进行引导。

(一)理解、尊重中学生的追星行为

偶像是青少年学生自我的投射,无论他们崇拜什么样的偶像,即使是反面人物,也要采取"无条件尊重"的态度。盲目指责、诋毁、贬斥青少年的偶像,不仅会引起其强烈的逆反心理,还会降低青少年的自我确认能力,甚至会成为悲剧行为的导火线。事实上,青少年在走出自我迷茫、实现自我确认的过程中,成人的说教相当有限,青少年自我的确认是通过种种自我体验,甚至冒险而达成的。心理学家艾里克森提出"心理社会合理延缓期"概念,认为青少年需要时间去梳理、整合所有的混乱和矛盾,在此期间,出现一些年龄段特有的心理行为现象正是他们心理社会适应的表现。教育者对这些心理行为过于忧虑、责备、压制等不利于他们迷途知返,需要以理解、宽容的态度,允许他们借助心理社会延缓期来整合自我,发展自我。

(二)认知疏导,澄清中学生对明星偶像的片面与模糊认知

对于中学生的盲目追星的现象,我们应该通过认知疏导的方式,澄清他们对偶像的模糊认识。认知疏导主要是一种关于偶像意识的认知性

交流,帮助学生学会正确的价值分析、价值思考的方法,形成对偶像正确的认知方式。认知疏导的任务不是灌输某种价值,更不是强迫青少年改变或放弃他们的偶像崇拜活动,而是用心去倾听他们的喜怒哀乐,真诚地和他们交换看法,肯定他们的合理行为,引导学生思考,为何崇拜、崇拜什么、怎样崇拜,然后再提出建议。

在认知疏导的方法上宜采取对话交流或研究性学习方式。在老师的启发下,通过学生主动、亲身参加的活动与思考,来实现自我选择与自我反思的结合,内心释放与理性增长的结合,从而改变学生对偶像片面的、幼稚性认知,科学地对待崇拜的偶像,把握偶像的真实性、合理性与客观性,摆脱夸张的、虚幻的偶像印象,进而推进学生的心理成熟与自我调节水平。

中学生所追的明星中也不乏一些低俗化的明星,作为教育者,首先是肯定学生有追求某个偶像的自由,然后启发学生思考这类偶像给人类社会的发展、他人的幸福带来的影响,让学生自己意识到自己偶像崇拜的误区,从而引导学生追求正面人生。

(三)加强交流与对话,探寻偶像成功之路

班主任要尽量减轻学生的学业负担,给学生提供足够的空间,加强与学生的对话和交流。有条件的可请一些明星来给学生做成功历程报告,让学生从中受到感染并吸取力量;组织引导学生学习名人传记、格言,寻找成功者的足迹;召开主题班会、组织交流活动等,让学生进行偶像成功之路讨论,交流达到理性的升华。

(四)走入孩子的内心世界,引导孩子理性看待偶像

中学生在成长的过程中,心智尚未成熟、可塑性强,容易受到外在因

素的影响而改变。因此作为教育工作者应走入孩子的内心世界，了解学生的兴趣和需求，协助学生认识自己，培养健全的自我概念，增进自我选择与自律的能力。

班主任要多与学生进行交流，多一些理解和关怀，有意识地与学生谈论一些明星话题。班主任可以采取一种平等的态度，告诉学生自己喜欢的明星，拉近与学生的距离，借此了解他们所喜欢的明星，找到一些共同话题。有时可与学生交流各自所喜欢明星的原因与想法，让学生知道媒体中所出现的狂热场面并不是唯一的选择。告诉学生明星的背后有一套运行机制，他们往往被商业公司投资包装而成的，在靓丽帅气的外表之后他们也非常普通，从而消除学生赋予明星不切实际的耀眼光环，把学生拉回到现实之中。

(五)树立真实可信的榜样，增强榜样的吸引力

榜样对中学生的影响力量是强大的，但榜样的树立必须真实可信，贴近社会生活的实际，贴近青少年的实际和心理特点与需要，切忌"假、大、空"和无限制的拔高，必须增强榜样对中学生的吸引力。我们应大力树立适应时代特征的典范，在各行各业挖掘对国家做出重大贡献的先进人物，开展声势浩大、生动活泼、深入持久的宣传；大力加强榜样树立中的人文意识和文化内涵，用榜样真实、丰富、生动的人生故事和人格魅力，让中学生把更多的注意力转移到榜样身上，最终使"学习榜样"和"偶像群"在青少年学生的学习和生活中引起共鸣，从而潜移默化地给予他们以理性的启迪和感情的教育。

(六)注重学生兴趣、爱好和特长的培养和引导

班主任除了传授科学文化知识外，要注重学生兴趣、爱好和特长的培

养和引导。通过开展丰富多彩的适合中学生年龄特点的校园文化活动，引导学生唱校园歌曲、参加体育锻炼，充实学生校园文化生活。同时，加强学生思想引导，教育学生正确认识、对待娱乐文化，注重自身个性修养的培养和提高。学生"追星"本无可厚非，但我们要告诫学生，崇拜偶像要适度，不能采取过激的行为。

总之，"追星"是一个有着共同特征人群的人生体验过程，更多的是一种娱乐活动。其本身是有着一定的积极意义的，它的产生也有着一定的必然性，只是由于中学生正处于青春期，心智还不够成熟，生活阅历也不够丰富才导致了疯狂、盲目的追星行为。作为班主任应该采取一种"大禹治水"的智慧，不是去堵，而是去疏导，将盲目追星转化为榜样学习，并通过一些正面偶像榜样推动青少年的心智成长，使偶像崇拜成为青少年成长中的积极向上的内在力量。

第七章　社会"问题"生

充满爱的语言，使无可反驳的劝说好似熊熊烈火发出的光和热，而听到这种语言，心中感到暖洋洋的，会让人心情舒畅；但缺乏爱的语言，使颠扑不破的一些真理，搞成冷酷的、僵死的训诫，而使语言对意识和情感的影响显得软弱无力。

——别林斯基

第一节　单亲家庭问题

现代家庭的结构就像一个三角形，父亲—母亲—孩子。和睦美满的家庭这个三角形坚实可靠，孩子的身心沿着正轨健康发展。当家庭结构不完整，这个三角形就出现变异，失去稳固性，生活在这类家庭中的孩子的身心往往不能得以平衡发展。单亲学生，多数都和他们的同龄人一样，曾有过疼爱他们的父母和温暖的家庭，但父母离婚或父母双方一方的缺失，加之其他方面的原因，使一些本来正常的孩子在心灵和行为上发生了扭曲。

"现在的学生越来越不好管,单亲家庭的学生更是不好教。"这是很多老师常挂在嘴边的一句话。单亲孩子感情大多十分敏感和脆弱,对老师有了排斥心理,不管老师批评谁都认为是说自己,认为老师瞧不起自己。如果老师处理问题不能一视同仁,就会使他们的自尊心受挫。很多单亲家庭的学生性格往往有一些缺陷,作为班主任应更多地去了解、去关爱这些最需要了解、关心的学生,使他们重新找回自我。如果教师的教育方法不当,会在一定程度上影响学生心理健康的培养。

由于多方面的原因,社会上单亲家庭逐渐增多,因而单亲家庭子女的教育问题摆到了教师的面前。做好这类学生的教育工作,不仅关系到学校的教学质量,而且关系到社会的安定。

一、典型案例

(一)案例:孩子由单亲抚养

北京某中学的郑老师新接了一个班,班上有一个孩子李某。他性格内向,不愿与人交往,对学习丝毫不感兴趣,开学的第一次语文作业,他竟然连一个字也没有写,郑老师检查到他时,他低着头不说话。

为了了解原因,郑老师叫来了他的妈妈,和他妈妈聊了很长时间,知道了他的有关情况。原来在他七个月的时候,他的爸爸妈妈就离婚了,他一直和他妈妈生活在一起。他小学就一直不爱写作业,考试总是不及格,有时才考几分。他妈妈坐在郑老师的办公室说得最多的一句话就是"这孩子没治了",并伤心地哭了起来。一个女人带孩子过,又没工作,她的伤心可想而知。郑老师听了安慰鼓励她说:"你作为他的母亲,要相信自己的孩子,我们都不能放弃,我们一起努力。"他妈妈还气愤地说:"他昨天回家对我说,老师今天选他当语文课代表了,纯粹是谎话。"她要叫来儿子当面和郑老对质。郑老师知道孩子撒谎了，但是立即阻止了她的行为。郑老师给她讲了好多道理，她才答应郑老师不过问此事了。

　　李某妈妈走后，郑老师把他带到办公室，郑老师亲切地问："我听你妈妈说你想当语文课代表，为什么呢？"他低着头说："我妈妈带我很辛苦，我想让我妈妈高兴。"郑老师听了对他说："只要你愿意，我们一起努力，你会当上语文课代表的。但首先要做到每天完成作业，好吗？"他努力地点点头。结果好了没两天，他的老毛病又犯了。郑老师给他安排了一个学习好的女同学，帮助他完成作业，有时晚上给他家打电话，问他作业的完成情况，这样情况比以前好多了。可是他还是控制不住自己，作业有时还是交不上。郑老师想怎么能让他主动地学习而不是被动的呢？那天早自习，郑老师把他叫出来悄悄对他说："老师今天上课要默写古诗词，最简单的那一首你背会了没有？"他摇摇头。郑老师对他说："你现在抓紧时间背，赶上课能不能背会？"他努力地点点头说："能。"郑老师摸摸他的头，拍着他说："去吧，好好背，一定能背会。"果然上课叫他上来默写，他全都写下来了，而且全部正确，郑老师当着全班同学的面表扬了他，全班同学报以热烈的掌声。他趴在桌子上哭了，很伤心。他对郑老师说好久没有教师表扬他了。郑老师意识到了这是一个好的开始，赶快给他妈妈发去了祝贺的短信。为了能让他坚持下来，郑老师每隔两天给他送一句鼓励的话，这样坚持了两个多月，他慢慢转变了，作业已经能按时完成了。一次，他写了一篇关于他妈妈的作文，写得虽然短了一些，但特别感人，郑老师在全班读了，也感动了全班同学。他的这篇文章经过修改后还得了奖。从这以后，他的性格也开朗多了，他的各个方面进步很大，还被评为班上的"进步之星"。到第二学期他被全班同学推选为语文课代表，成为了一名优秀的学生。

案例启示：

从这个事例中，郑老师深深认识和体会到教育是一门艺术，怎样才能发现挖掘单亲"问题"学生身上的闪光点呢？

第一，要抓住教育的契机，进行赏识教育。每一个人都希望自己能得到别人的认可和赞扬，像李某这样的"问题"学生也一样。尽管他们多年已经习惯听批评，但他们还是特别在意别人对自己的看法，也渴望别人能发现他们的闪光点，给予肯定。所以教师要在学生不经意的时候达到教育的效果，创造更多的机会，努力挖掘学生身上的闪光点，不断地加以赏识评价，感化孩子的心灵，使其产生快乐和自信的体验。在教育教学过程中，教师要善于调动学生上进的热情，不断地鼓励孩子积极参与学校的各种活动，在活动中展示自我，显露优势和才华，体验成功，赢得同学的信任，同学们也激发他的集体荣誉感，增强其交往的积极性。

第二，需要班主任的坚持不懈。首先，要理解学生，并深入学生及家庭中，及时合理地查找"问题"学生形成的原因及情况，在维护学生自尊心的前提下，运用合力，对学生进行教育、引导。其次，在家长面前，善于保护学生的自尊心，给学生提供表现的机会，让家长重新发现、认识和评价自己的孩子，从而启发家长对学生的信任，更好地支持和配合教育工作。对于这样的学生要避免当众批评、训斥，使他的自尊心得到保护，使他信任教师和同学们，从而做出努力。从李某身上，郑老师深切感受到班主任工作很难很难，尤其是像李某这样问题很多的学生，不知要在教育的过程中失败多少次。所以班主任一定要有知难而上、坚持不懈的精神，珍视"问题"学生的点滴进步，用自己无私的爱，去融化"问题"学生内心的坚冰，最终取得教育的成功。

第三，当班主任发现学生对某方面的学习或活动有一定兴趣时，要及时以此作为引导学生的切入点，对他进行疏导，鼓励他继续努力，不断增强他的上进心。同时，调动所有的人力资源，如任课教师、优秀学生等，帮助班主任引导他，让他不断实践，充分体验到自豪与成功的感受，并反复做好思想工作，时刻给予更多的关注，不断监督他的行动，纠正他的不良行为，让他知道教师对他的教育是严格的，必须与教师配合，必须改变不良的习惯，这样才能巩固教育成果。

从这个事例中，郑老师深切体会到作为班主任，要根据不同学生的特点，把爱具体化、个性化、人性化，了解不同学生对爱的不同需求，用自己充满智慧的爱去启发学生、影响学生、满足学生；全身心地关怀学生，换取学生爱的情感；用理性的爱，去挖掘每一个孩子的长处，使之扬长避短，最终达到良好的教育效果。

(二) 案例：孩子生活在重组家庭中

王某，女，初二学生，主要问题：贪玩，不爱学习。有一次离家出走，老师知道情况后，自己态度不好，被休学，休学后无所事事，慢慢开始不爱回家。家里人会耐心说理，但她不听。每一次都很晚回家，爸爸不打她，总会耐心说服，家里人很宠她，老师了解到王某在小时候父母离婚，父亲觉得欠王某一个完整的家，于是一年后再婚。但后妈与王某关系不好，所以父亲更觉得对不起王某，从小，她和爷爷奶奶生活在一起，全家宠她。后妈带来一女，比她大，不上学，经常与社会上不良青年混在一起。但是，这个姐姐和她关系较好。王某以前不自己出去玩，在姐姐的影响下，姐带她出去玩，于是姐姐的那帮朋友经常邀请王某出来玩，常很晚才回家。

问题解析:

"问题"少年背后必然是"问题家庭"或者"问题家教模式"。儿时父母离异及与爷爷奶奶生活,这对任何人来说都是不幸和遗憾的,缺乏完整、和谐、健全的家庭,这会给孩子造成不可弥补的心灵创伤。也许爷爷奶奶的可怜与疼爱,也许是愧疚,但不论是他们还是后妈或者其他人,即使再好,也永远不可能代替亲生父母的地位。缺乏完整的母爱,父亲就妄图以加倍、厚重的父爱来补偿孩子,这是父亲美好的一厢情愿的"天真"想法,当然,这也是没办法的事情。

1. 父亲的爱以及爷爷奶奶的心疼,很快就演变成不合理的、变形的、病态的溺爱。这种"矫枉过正"的畸形的"爱"带给王某的,要么是受宠若惊,要么是"横行无阻与无所顾忌",于是渐渐自以为是,只顾自己的感受,没有感恩的意识,不能考虑他人,不能考虑后果,以至于完全不知道自己离家出走给家庭带来的伤害……

2. 父亲以及爷爷奶奶的教育方式不科学,该严则严,不能无原则地迁就。父亲过于迁就孩子,甚至曾对王某说:你现在变成这样是爸爸的错,爸对不起你。当然,父亲承认自己有错,对不起孩子,并且每次不管多晚都会坐着等她回来,这的确是个好父亲,只是某些教育方式不科学。

3. 组合家庭的关系本身就难以处理,且不和谐,而且姐姐本身也许也有不好的习惯,如在外玩很晚,有不良朋友圈子。爷爷奶奶、父亲对她的放纵,后妈的不闻不问,加上姐姐的影响,再加上青春发育期的独立反叛意识,终于造就了王某的贪玩、不爱学习和离家出走。

4. 亲妈对后妈的世俗偏见影响。王某生活在重组家庭,但她仍常与亲妈联系,并常常去亲妈那里,这种具有"中国特色"的三角家庭关系给王某的影响较为复杂,肯定有不好的影响,比如,王某与亲妈的频繁联系和王某本身就和后妈沟通不畅以及对后妈的世俗性偏见,导致王某与后妈的关系更加恶化。而父亲与后妈生活在一起,王某与爷爷奶奶生活在一起,也可能导致她认为父亲的精力已转向新家和新妈,已不再更多地关爱自己,故此种种,均可能使王某感受不到完整健全和谐的家庭氛围。由于与爷爷奶奶存在代沟,也不能完全与亲妈生活,学校老师也难以对王某投入过多关注,所以,外面丰富多彩的世界和无拘无束的感觉以及朋友圈子,就成了她另一种归宿,甚至是主要的心灵归宿……

综上所述,家庭原因是主要原因,学校以及社会文化环境原因是次要原因,王某本身对于重组家庭的认识也存在一定的问题。

转化方案:

作为班主任,我们可以从以下几个方面来转变王某。

1. 要引导其正确认识自己与后妈的关系,并积极建立与后妈的良好关系。作为家庭成员,王某是维护并创造和谐家庭的关键人物;理性地对待爷爷奶奶以及爸爸的疼爱,不能再小孩子气,不能再任性,要懂事,听话。

2. 学会换位思考,站在父亲的位置思考问题。要学着理解、体会父亲的良苦用心,以及家庭对她的付出与期望;培养辩证思考的习惯,培养理性地控制自己冲动情绪的能力。

3. 树立正确的人生观、世界观、价值观和方法论。学会自己分析这些问题成因以及寻求解决方法;培养分析问题、解决问题的能力;积极适应环境,适应家庭,再以后更能适应社会,既然自己无法改变父母,就改变自己,调整自己,以适应家庭适应父母;与其一起探索完善性格、健全人格的方法。

4. 纠正家长的教育观念。物极必反，父爱要有限度，溺爱无好处。再多的父爱也不能补偿缺失的母爱，更不能代替家庭的温暖；教育方式应合理，不能无原则迁就，不能只采用单一的教育方法，特别是在已经被事实证明了无效的方式以后就应积极探索其他教育方法；父亲与学校老师应积极配合，争取学校老师对王某更多的关爱；父亲应努力改善王某与后妈之间的关系，必要时也要对姐姐进行教育；对于王某与亲妈的接触，父亲要谨防亲妈对她的消极影响；父亲可阅读一些心理学或家庭教育方面的书籍，采取科学的方法对孩子进行教育。

二、单亲家庭学生产生问题的原因

（一）个人心理原因

一些离异家庭的学生，由于对父母间感情的事不太了解，认为爸爸、妈妈不要自己了，所以才闹离婚，于是他们自暴自弃。还有一些父母离异的学生，辨别能力差，自控能力也差，又缺乏正确的引导，于是一不小心染上了一些不良习惯，长此以往就变成了一些不良表现。单亲家庭孩子的心理问题主要表现在：

1. 抑郁孤独，逆反粗暴。由于父母离异，孩子由一方抚养，家庭失去了往日的欢笑，特别是重新组建家庭之后，某些孩子的孤独感、不融洽感会进一步加剧。在校表现为：不爱和同学接触，不善言谈，出现矛盾不能和老师沟通，或心理抑郁，或行为粗暴。

2. 怯懦自卑，狭隘自私。由于家庭的不健全，造成了孩子心理上的欠缺，他们常常感到不如别人，感到让人瞧不起。他们认为自己是多余的人，认为命运对他们不公平，致使他们不信任别人，也不信任自己，生活中充满了迷茫和悲伤。

3. 心理偏位，放任对抗。由于家庭的缺损，孩子在家庭里得不到足够的温暖，产生一些心理偏位。既然父母不能给自己足够的关心，那么只能靠自己来寻求快乐了。于是他们就到家庭以外去寻求慰藉，经常进网吧、录像厅、歌舞厅等场所。在校表现为：不能严格遵守学校、班级的各项规章制度，比如迟到、早退、旷课、打架，不思进取，扰乱班级等等。

4. 情绪不稳，厌学严重。单亲家庭孩子在学习心理上存在着严重的问题。表现为：情绪不稳定、意志力薄弱、志向水平低、厌恶学习等。其外部表现为：行为懒散、放任；上课时注意力不集中，不主动参与学习；回避老师，不主动向老师请教；严重的会干扰课堂纪律，甚至缺课等。

(二) 家庭教育原因

1. 单亲家庭教育的主要特点及表现

(1) 父母双方相互推卸，结果谁也不管子女。一些家长对孩子漠不关心，放任自流，连孩子上不上学都不加理睬，结果造成了孩子成绩直线下降，甚至误入歧途。

(2) 有一方想承担家长的责任，但力不从心，无能为力。一些离异方为下岗职工者，多属这一类。

(3) 有一部分家长忙于生计，无法管教子女。一些家长忙于工作，早出晚归，对孩子的学习动态、思想变化一无所知，待问题严重时才恍然大悟。

(4) 有的家长管教不得法，对孩子造成严重的负面效应。离异家长中有一部分，特别是男方性情粗暴。对孩子要么不管，要么毒打。结果，孩子不服教育，形成逆反心理。有的家长为了弥补孩子失去的父爱或母爱，在经济上对小孩百依百顺，有求必应，结果造成孩子好逸恶劳、挥金如土的习气。

2. 单亲家庭教育中存在的误区

(1) 暴力式教育。这种教育指单亲家庭中的某一成员在精神、经济、肉体等方面施予的暴力和虐待。最常见的是离异夫妻一方对孩子所进行的。发生暴力和虐待的原因大概来自两个方面：一方面是由于婚姻的破裂，家长在周围亲戚朋友面前没面子，受孩子的拖累，经济上拮据而产生的；另一方面是家长的社会压力太大，自己工作繁重与感情上的不顺心，看见孩子就没来由地发脾气。这样的家长一般是人际关系处理不好，形成严重的心理障碍，无处发泄，只能回家后对孩子施以暴力和虐待。孩子则是最无辜的"替罪羊"。

(2) 放羊式教育。这种教育是当前一般家庭在学生教育上普遍存在的一大问题。在单亲家庭里，孩子需要较多的关心和帮助，需要与父 (母) 亲有更多的接触。但是，由于父 (母) 亲整天工作繁忙，人际交往繁多，且以前由父母共同完成的家务事现在全部压在一个人身上，加上有的家长离婚后对子女产生厌恶，因而对子女的教育无暇顾及，不得不实行"放羊"，对子女的一切不管是在校内还是在校外、是学习上还是生活上以及与人的交往等方面都不闻不问，采取漠不关心的态度，放任自流。

(3) 溺爱式教育。溺爱教育在一般家庭中都存在，但是这样的情况在单亲家庭里尤为突出。有的父 (母) 亲在离婚之后，为了抹平家庭破裂给孩子造成的创伤，把全部的情感都投射到孩子身上，对孩子的疼爱和关怀更是无微不至，在吃、穿、玩、花等各方面无一不予以满足。在许多的单亲家庭中，家长对孩子疼爱往往超过一定的限度。受到这种家庭教育的学生，在同学和老师面前很任性，好胜心强，寻求各方面的满足。受不了批评，更承受不了挫折与打击，表现出极其脆弱的心理状态。

（三）学校教育因素

有些学校认为，这是家庭的事，与我们关系不大；有的教师则认为教学质量才是全部，孩子的问题与我无关；还有的教师根本不知道哪个是单亲家庭的孩子，他也不去了解，也不想了解。其实作为一名合格的教师和一名优秀的班主任老师，在提高学生成绩的同时，应注意孩子心理、行为等方面的健康发展，尤其是单亲家庭的孩子更需要老师的关心和帮助。因此对单亲家庭孩子的教育应该引起学校、教师的高度重视。

对于单亲家庭学生来说，他们的生存环境比较特殊，在本应享受更多家庭温暖的年龄，由于家庭的不幸，给他们带来了很大的缺憾，有的甚至于是伤害。因此他们的这种损失，很希望在其他方面得到补偿。作为学生，他们的主要活动范围就是家庭和学校。许多单亲家庭学生表现出对学校的较强的依恋，如有调查表明，67.2%的离异家庭学生表示喜欢自己的班集体，比正常家庭学生高2%，所以学校的环境，教师的关爱，同学的友情对他们来讲是非常重要的。单亲家庭学生认为曾被老师误解过的占75%，比正常家庭学生还要高，说明由于有些老师的失误和粗心，也有意无意地伤害了他们。有的老师，对离异家庭的孩子有先入为主的观念，认为他们肯定是"问题"孩子，还有的教师把单亲家庭学生的情绪问题简单归结于思想品德问题，其实很多单亲家庭学生的情绪问题也是心理障碍问题。比如说处在单亲家庭状况下的同学在学校中表现出性格孤僻、心境忧郁、意志薄弱、缺乏进取心、学习成绩差、逃课、考试"挂红灯"、过度放纵自己，于是有的老师认为这样的同学是思想品德有问题，或者说是不

可救药, 其实这样的简单认识是错误的。

另外, 在长期应试教育模式影响下, 有些老师的观念比较陈旧, "面向全体学生"还没有真正落实, 对他们眼中的"好学生"倾注了较多的情感, 而对其他学生的关心、帮助不够。单亲家庭学生中相当一部分人因为家庭的不幸, 性格上出现一些毛病, 情绪经常有些波动, 从而影响了自己的学习, 而且还有一些是后进生, 自然不会被列入老师喜爱的学生之列。还有相当一部分的老师, 缺乏必要的心理学知识, 当学生情绪波动而导致行为过失时, 教师没有认真加以分析, 而是严厉训斥, 横加指责, 方法简单、粗暴, 使得本来就失去平衡的心理, 更是"雪上加霜"。

学校是教书育人之地, 培养一个人健全的人格, 健康的心理, 应该是学校的主要职责。离异家庭学生心理脆弱, 教师的一言一行, 均会对他们造成很大的影响。对于这种特殊的社会群体, 老师首先应彻底转变观念, 真正面向全体学生, 落到实处, 同时应加强学习, 提高素质, 改变传统教育方式, 公平、公正地对待每一个学生, 并且给予特殊的学生以特殊的关爱, 真正成为学生尊敬和信赖的良师益友。

(四)社会环境原因

1. 人们对单亲家庭存在一些偏见。据调查, 一般人对离异或重组家庭会产生许多误解: 例如离婚的父母都是有问题的; 单亲家庭的孩子都缺乏教养; 单亲家庭的孩子很可怜等等, 由于人们对单亲家庭存在一些偏见, 因此有的单亲孩子变得消极、悲观, 他们认为大人都有问题, 我怎会没问题呢? 有的单亲孩子由于周围异样的目光, 而变得自卑和无奈。还有的单亲孩子的长辈认为这孩子很可怜, 于是对他百依百顺, 处处迁就以弥补其感情上的缺损, 而忽视在思想品德上对孩子进行教育, 不知不觉养成了孩子骄横、霸道等坏习惯,使孩子成长出现了片面性。

2. 社会生活中的不健康因素也给单亲学生带来不良影响。黄色书刊、不健康的影视作品、"儿童不宜"的文化娱乐场所现在随处可见,而中学生对事物判断能力还十分模糊。尤其是单亲家庭的学生缺乏家长正确的引导,于是由最初的好奇到最后的无法自拔。导致最终走上犯罪道路的单亲孩子不在少数。

三、单亲家庭"问题"学生的教育措施

单亲家庭的部分学生由于家庭结构变化的强烈刺激可能产生心理上的失衡,对这些学生的教育,作为班主任应采取以下对策。

(一)给学生多一份关心,多一点温暖

单亲家庭孩子的爱的天平是失衡的。他们心中非常渴望爱。很多单亲家庭学生在经历过一段郁闷伤心、悲观失望,甚至自暴自弃的时期之后,通常会进入一个极度渴望被关注的阶段。我们要用爱心去陶冶,使他们领略人世间的可贵情感,在生活上给他们更多的照顾,在学习上耐心地加以辅导帮助,使他们感受到还是有人爱他们、关心他们的。尤其是在一些特别的日子,如学生的生日、中秋节、春节等,给学生送去温暖的话语、节日的惊喜和特别的帮助往往会收到意想不到的效果。

(二)让学生学会正视自己的家庭现状

面对父母离异的单亲家庭学生,班主任要在观念上进行引导,应让学生明白,离婚是父母的事情,与孩子没有太大的关系,孩子也不宜过多地干涉父母的权利。以此来降低青少年对父母离婚的恐惧和仇视,培养学生宽容和相互尊重的品行。而对那些因疾病、交通事故等造成的单亲家庭学生,应让学生明白自身的处境是因不可抗力所造成,不能因此而意

志消沉,教育他们要树立起生活的勇气,正确面对挫折,战胜困难,使其明白,当前最重要的是掌握好生活的本领,将来才能更好地立足于社会。

（三）建立心理咨询投送箱和单亲学生档案

倾吐、发泄是心理的需要。班主任要给学生一些倾吐、发泄的驿站。可以经常找他们谈心,了解他们心中的苦恼。建立心理咨询信箱既可以帮学生切实解决心理困惑,又可以免去他们当面叙述的尴尬,使他们畅所欲言,打开心结。另外,要充分利用各种渠道深入调查单亲学生的家庭情况,摸清单亲学生的家庭状况有助于对学生的深入教育。通过平时观察以及与学生之间的深入谈话,主动与亲人联系等各种各样的形式深入了解真实情况,再将了解的情况记录下来,建立比较完善的单亲家庭学生档案,从而为下一步开展帮扶工作打下基础。在进行帮扶教育时,要重视方式方法,兼顾学生敏感的自尊心。

（四）用肯定、尊重和集体生活点亮学生的内心世界

每个人都有闪光点,单亲家庭的学生也不例外,当他们在学习上有创造性见解时,班主任要格外夸奖和给予肯定。对单亲家庭学生应该多鼓励、少指责;多温情、少冷漠。教师与学生的关系是学校中最基本的关系。教师既要注意学生的"向师性",关注学生主体,又要懂得学生的独立性,在民主型教育与管理中使学生得到正确的引导。学校还要为单亲学生培养良好的同伴关系创造条件,通过集体活动的合作,让单亲学生积极参与,在合作中得到帮助,满足交往需要。单亲家庭学生渴望得到他人的注意,而尊重是情感交流的钥匙。在活动中鼓励他们充分发挥特长,即使没有特长的学生,也可以为他们找到合适的位置。如可安排他们为班级同学发送信件、布置联欢会场地等,让他们感受到班级对他们的需要,体

现他们的价值,使他们在参与活动的过程中培养出生活的自信,在活动中体现其价值。

(五)培养孩子自我管理和勇于承担责任

由于这些学生生活中缺少亲情,周围的亲人都容易把他们当成弱势群体,在生活中对他们过于宠溺、过多娇惯,对他们应该做好而没有及时按质按量完成的任务加以人为的"包容",这会让他们形成惰性和依赖性。而且,一些单亲家庭的学生由于家庭变故,对社会、对家庭不可能形成全面客观的认识,对自己也没有正确全面的评价,同正常家庭学生相比,他们往往更加缺少辨析能力和自我教育、自我管理的能力。作为教育者,教师应该有意让他们参加各种力所能及的任务和参与班级和家庭的某些决策,培养他们的能力和责任感,甚至有意给他们创设勇于承担责任的事务,充分调动和培养学生的自我管理能力。在他们尽到自己的力量自我教育、自我发展,适应社会和勇敢承担责任时,及时地给予他们微笑和鼓励,从而培养他们的独立能力。

(六)引起社会重视,家庭关注,全方位共同努力

单亲家庭的学生,多数心理会发生种种异常,喜怒无常、悲观失望、心理压抑、易发怒、烦躁、固执己见、敏感而离群,甚至行为上表现出极端的现象。因此,对于单亲家庭的学生,不仅仅是学校、班主任、教师应负起教育责任,家庭乃至整个社会都应该给予他们更多的爱和关怀。单亲家庭孩子的家长对待孩子的态度和教育方式直接影响着学生良好心理素质的形成。因此我们要把单亲家庭学生身上存在的问题与家长开诚布公地谈。班主任要引导家长不要将自己的痛苦和烦恼在孩子面前过多地暴露,给他们带来不应有的压力,防止过分地呵护和溺爱的倾向,在关心、

爱护的同时要注意培养孩子自强、自主、自立、吃苦耐劳的品质。

综上所述,学校对单亲家庭学生的教育不是空洞的说教,是任重而道远的"爱心工程",班主任教师除了要担当传统的"传道、授业、解惑"的角色,更重要的是注意和维护学生的心理健康,特别是离异家庭子女心理障碍的辅导需要倾注更多的爱心、耐心和诚心。每一名教育工作者,都应该把这项工作看作是自己的一份社会责任,帮助这些受过心理创伤的孩子度过人生的低谷,迎接高处的阳光。

第二节　留守儿童问题

随着经济和社会的发展,随着"城市化"进程的进一步加快,农村劳动力向城市转移,已经成为一个大趋势。在有子女的农民工中,绝大多数是把子女留在老家,托付给祖父母或外祖父母,或者是其他亲戚朋友等照顾,这些孩子通常被称为"留守儿童"。在一个相当长的时期内,"留守儿童"的队伍不仅不会缩小,而且必将进一步扩大,"留守儿童"成为学校中一个比较突出的弱势群体。怎样使"留守学生"受到正常、健全、完善的教育,让他们和同龄人一样健康快乐地成长,成为一个十分现实而又亟待解决的问题。

一、典型案例

蔡某,男,13岁,某中学初一年级学生。在他很小的时候,父母就常年在外面打工,起初,蔡某由年迈的奶奶照料,后来奶奶瘫痪,他只好由姑姑代为照料。姑姑家有两个比他小的孩子，姑父也在外面打工，他在姑姑家是孩子王，经常带着两个小的孩子一起淘气，偷邻居家的果子，有时还打坏别人家的玻璃。在学校，他也经常是不爱学习，不爱听讲，不写作业，偷偷逃学，上网吧打游戏。他的班主任也拿他没办法。后来，新来了一个班主任，王老师在刚接手此班级时，就听原来的班主任说起过这个孩子。他的原班主任说这个孩子身上集中出现了以下问题：1. 行为习惯差，个人卫生差，上、下课都特别好动，爱交头接耳，无法克制和约束自己的言行；2. 懒惰心理。学习上有四怕：怕用功、怕动脑、怕发言、怕作业，只想在家随心所欲地玩；3. 缺乏良好的班级意识。小到一次发言，大到学校组织的活动，都显得没热情，总想逃避，参与意识淡薄。新班主任王老师决心帮助这个"留守儿童"。

（一）问题分析

班主任王老师经过调查、走访、电话联系家长等途径，发现该学生存在问题的原因如下：

1. 情感方面存在缺失。蔡某的父母常年外出打工，将蔡某寄宿于姑姑家中，致使蔡某得不到父母的关爱。离开了父母的关怀，小孩没有了安全感，对社会没有信任感，以后对社会的态度、对他人的态度、对一些社会现象的态度就很容易走向极端。没有父母的呵护，没有理性的沟通，孩子的心灵易受创伤。

2. 寄人篱下产生的失落感。父母常年在外，一年才回来一次，根本谈不上对孩子进行教育，父母存在用钱补偿感情的心理，事实上对孩子学习、身心发展造成了负面影响。即使托付于姑姑，这种代为抚养大多偏于生活照顾为主，且其家中还有自己的子女，容易产生不被重视、自卑等心

189

理问题,于是放任自流,想做什么就做什么。

3. 学校教育鞭长莫及。学校教育侧重在校时段教学管理,对"留守儿童"的心理关爱难以顾及,与家长的沟通难以实现,对那些"问题儿童"难以管理。

4. 社会对"留守儿童"的关注不多。目前小城镇的社会教育还很薄弱,教育资源缺乏,教育观念陈旧,不能有效地弥补"留守儿童"家庭教育关怀的不足;对一些娱乐场所不能有效管理,也使一些"留守儿童"沉迷其中而不能自拔。

(二) 解决方法

基于以上情况,王老师在教育的过程中采取以下措施,并收到一定的效果:

1. 用"爱心"换取信任。俗话说得好:"亲其师,信其道。""在家靠父母,出门靠朋友。"孩子还小,对父母的依赖更强烈,然而,父母的依赖没有了,孩子的心灵得承受多大的压力呀! 为了让他对王老师有依赖感,王老师时常把家里好吃的给他拿来,课余时间把他带到办公室让他尽情地吃。周末,王老师把他带到家里让他感受家庭的温暖,并带他去公园、书店,让他那颗孤独的心得到安慰。渐渐地,他对老师解除了戒备心理,把王老师当成了朋友。

2. 用耐心督促进步。作为"留守儿童",是家里近乎于无人管理的真空,更何况蔡某住在姑姑家。所以他的自由空间太大了,作业常常不做,即使做了也很难保质保量。面对这种情况,王老师先是在教室组成结对子的活动,想搞"一帮一,一对红",没想到蔡某根本不把帮他的同学放在眼里,一周下来,涛声依旧,一次作业都没完成,害得帮他的同学哭了好几场。没办法,干脆把他绑到老师的腰带上。王老师每天坚持检查,耐心讲解纠错。这方法坚持一个学期,蔡某的成绩有了一定的改观,上网吧的次数也减少了。

3. 用读书促其成长。"书籍是人类进步的阶梯"、"书是人的精神食粮"、"读书使人明智"……有关读书的名言太多,但这个学生从小就在离开父母的环境中疯跑,他能沉下心来读书吗? 王老师带着满腹的疑问决定试试。王老师把蔡某带到书店让其自己选择他喜欢的书,并出钱买下来当作礼物送给他。没想到,疯小子蔡某慢慢地喜欢上了读书。

在王老师的耐心帮助下,孩子的一些坏习惯渐渐得到了改善……

二、农村"留守儿童"问题的产生原因

通过对大量调查材料的统计与分析,笔者认为"留守儿童"问题的产生原因主要有以下几个方面。

(一)寄居家庭的负面影响

"留守儿童"由于长期得不到父母的关爱,容易形成自卑孤僻等性格,产生说谎等行为,这将为孩子人格和情感的正常发展带来极大的伤害。祖辈们的唠叨,独处时的孤单无聊,物质的诱惑,以及自身惰性等弱点,是其共同特点。生活在寄居家庭的"留守儿童",情感上缺乏关爱,生活上缺乏指导,交流上存在隔阂。

(二)代理监护人与"留守儿童"之间的巨大心理差距

由于年龄上的差距,直接造成两者之间心理、思想等差异。由于想不到一块儿,因而也就"说不到一块儿",无法经常沟通。对"留守儿童"的行为,代理监护人多表现出看不惯、不理解,而没有进一步的沟通和教育。在学习上,因为祖辈们知识层次普遍较低,因而无法对学生进行学习

上的有效指导帮助，只管生活，其他方面的监护无能为力。

（三）教育方式存在一定问题

一是说教多。表现为成天唠叨。学生做错事时唠叨，取得成绩时也唠叨。二是包办。许多祖父母、外祖父母等代理监护人出于对孩子的"关爱"，把学习之外的一切杂务都包办下来，使得学生的自主性、独立性较差。三是溺爱。对孩子的教育多采取放任态度，有求必应，百依百顺，关爱有余，近于溺爱。四是专制。代理监护人往往从安全原因出发，对学生的行为采取简单地限制，不准学生外出玩耍，即使是节假日也一样，缺少正确引导。

（四）学校对"留守儿童"问题重视程度不够

"留守儿童"是学校里一个弱势群体，需要教师和同学的帮助和关心。但学校很少考虑到他们的特殊性，因而没有采取相应的措施，对他们的了解和帮助是很不够的。

（五）父母缺少跟代理监护人或老师的经常协调沟通

"留守儿童"的家长把孩子放在老人或兄弟姐妹处，他们认为是可以放心的，所以跟家里的联系很少。偶尔打电话来，也无非是对孩子一顿训斥，或以"不听话，回来一顿打"相威胁。鞭长莫及，确也无奈。天长日久，这些"留守儿童"就有可能存在一定的心理障碍。

三、解决"留守儿童"教育问题的对策

对"留守儿童"的教育要注重引导，要给予集体的温暖，具体应该从以下几个方面进行有效教育，尤其应该重视对这些学生进行心理健康教育。

（一）帮助代理监护人树立正确的家庭教育观念

可以成立"家长学校"，对代理监护人进行专题讲座，使他们了解"留

守儿童"的特点,懂得"留守儿童"的心理,学会正确的教育方法。具体能做到以下三个方面:

1. 关爱孩子,但不要溺爱。不要因为孩子小,父母又不在身边,而对他们加倍地溺爱。代理监护人应该在孩子最需要的时候给予更多的关爱,学会倾听孩子的心声,了解孩子的所思所想,要多跟他们交流、沟通,但要避免唠叨。

2. 尊重孩子的选择,留给他们一定的空间。要正确引导,具体情况具体分析,而不能简单地限制、否定。不能满足的,应加以说明,做通孩子的思想工作,消除误会,防止产生代沟。

3. 遇到困难,及时帮助解决。如果自己不能解决的,也应尽力替孩子想办法,出主意,寻求解决问题的途径。如学习上无法指导孩子,可以通过电话请教老师或别人。让孩子感觉到,代理监护人是非常愿意,也非常努力地帮助他们的。只有这样,孩子就不会因此而心烦,更不会有孤立无援的感觉。

(二)加强家校联系

1. 通过家访,加强与代理监护人的联系。教师应定期进行家访,帮助代理监护人分析"留守儿童"的特点和存在的问题,想办法寻找解决问题的措施。同时,学校还应建立家校联系卡制度,告诉学生教师的电话号码,当学生求助而代理监护人又无法提供帮助时,可以通过联系卡或电话向教师求助。

2. 教师应与"留守儿童"父母保持联系。教师是代理监护人、"留守儿童"及其父母之间的桥梁,当"留守儿童"在学习和生活上遇到问题时,老师应该及时联系孩子父母,根据孩子的特点,寻求解决办法,尽一切可能

减少"留守儿童"的心理障碍。

3."留守儿童"父母要和"留守儿童"及其代理监护人经常保持联系。"留守儿童"的许多问题都是因为父母不在身边而产生的。父母对孩子最了解，因此父母与代理监护人之间应加强联系，了解各种信息，交流施教方法。每次来电来信，不能一味地训斥或威胁，而应注重沟通方式，进行耐心地询问，帮助孩子解决存在的各种问题，鼓励孩子的每一个进步。

(三)学校主动出击，营造良好的学习氛围

1.学校应建立"留守儿童"的专项档案，指定由班主任负责管理。档案详细记载了这些学生的思想、品行、学习和生活情况，以及他们父母的通讯地址、联系电话等，以便跟踪教育。

2.给予集体的温暖。孩子远离父母，时常会有孤独感，会有莫名其妙的烦恼，会有伤心时的热泪，因此我们要创设宽松和谐的班集体，充分发挥学生集体的教育功能。如各班建有"留守儿童"的生日档案，在学生生日当天送去一张生日卡片，以示祝贺。当学生取得成绩之后，班主任向学生父母和代理监护人送去一封报喜信……虽然这些永远无法代替父母的关爱，但至少可以使学生的不安、烦恼、孤独、离群等感情体验得到淡化或抑制。

3.开展心理辅导。学校政教处可定期召开"留守儿童"会议，教育学生正确对待寄居生活，静下心来，克服困难，自己寻找解决问题的办法，变被动为主动。同时，学校还要建立心理咨询室，由心理辅导老师负责帮助学生解决学习、心理等问题，使学生的心理障碍能够得到及时疏通引导；给那些"问题"学生上生动活泼的心理辅导课。

4.丰富课余生活。利用假日举办文艺演出；由学校牵头、以街道为单位组建学生假日活动小组，假日活动小组主要开展以培养发展学生个性特长为内容的兴趣活动,如小制作、参观、实践活动等。这不但丰富学生的课余生活,更重要的是减轻留守学生在假日里的孤独感。

5. 突出学习上的帮助。由于"留守儿童"家庭的特殊情况,他们更需要学习上的帮助。因此,除老师热心辅导外,班级也应组建合作学习小组,采用帮扶策略,帮助"留守儿童"解决学习上的困难。

"留守儿童"队伍的不断壮大,将给学校教育带来更大的负担,这就更需要社会、学校、家庭的密切配合,形成一个有效的教育"大网络",从"心"开始,共同努力,为"留守儿童"营造一方晴空!

第三节　独生子女问题

"独生子女"是当代中国的一个普遍而特殊的群体。根据国家计划生育委员会的调查统计,中国自实行计划生育以来,累计出生的独生子女已经有9000万人左右。独生子女数量已占我国儿童总数的95%以上,进入21世纪后,独生子女成为在校中小学生的主体。独生子女数量的多少、整体素质的高低都直接关系到家庭的发展和社会的利益。如何促进独生子女的道德、智力、心理、体能等综合素质的全面发展,值得教育工作者们的深思和探究。

一、典型案例

11月份是某中学的科技节,下午赵老师到学校时,学校已经很热闹了,同学们正积极地参加即将开始的各种科技项目比赛。赵老师刚走进办公室,他班的小卉哭哭啼啼地跑过来说她被隔壁班的小敏和本班的小峰打了，这时小敏也正被她的班主任叫到办公室。赵老师连忙先安慰她，让她把事情的来龙去脉说清楚。她说她也不知道怎么回事，今天下午刚来，就被本班的男生小峰叫出去，才走到教室门口，就莫名其妙地被小敏打了两巴掌，然后两个女生就打起来了，最后被周围的同学劝开。赵老师把小敏叫了过来，问她打人的原因，她气急败坏地说："这个人该打，嘴巴缺德，在年级QQ群上聊天时，骂我脸上的伤疤。"小卉连忙吵起来说："我只是好奇问问她脸上的伤疤，没有恶意。"接着两个人你一句我一句地又吵起来了，好不容易才被两个班的班主任劝开。

　　经过开导，小敏主动向小卉道歉，但小卉却没有接受。赵老师知道小卉是一个个性好强、倔强的女孩，很担心今天如果不开导好她，一定会出乱子的。于是，赵老师在中午吃饭后单独把她留下来，和她聊天谈心，说一些道理，花了一个中午的时间，最后她才口头答应教师，她会想通的。赵老师放心不下，晚上跟她父母通电话，把事情说了一下，还让他们多注意观察她的状况。可是一个星期后还是出事了，小卉由于吞不下心头的怨气，找了几个社会青年把小敏和小峰拉到校外狠狠地打了一顿，两个人伤得很严重，结果两人父母愤怒地找到了学校。最终的处理结果是小卉被学校记大过处分，留校察看一年，表现不好，就勒令退学。从此以后小卉变得消沉，一方面由于受到学校处分，另一方面是由于找社会青年殴打本班的同学，同学觉得她可恶，把她孤立了。

　　在处理这件事的过程中，赵老师从她父母那里得到了一些情况，得知发生这样的事情并不是偶然的。从小，小卉就跟爷爷奶奶生活，爷爷奶奶十分溺爱她，把她讲的每一句话都当作圣旨，所有要求样样满足，有时做错了事，父母批评她两句，爷爷、奶奶全力维护她，有时还当着小卉的面责备她的父母，使她渐渐变成家庭中的"小霸王"，父母最后都变得很迁就她。初一时她由于贪玩，接触了一些社会青年，班里的同学都不敢得罪她，现在遇到和她有类似性格的小敏，自然矛盾就会产生了。

（一）问题分析

小卉的行为是现在独生子女心理不健康的表现之一——报复心理。独生子女从小到大很少受过委屈，挨过打和骂，遭遇过挫折。即使偶尔与父母家人发生争吵，也往往是父母让步投降，让孩子心满意足，达到目的。然而，孩子毕竟不可能只生活在一个狭小的家庭里，还需要上学、进入社会，他们必须把自己融入其中，要学会与他人相处、交往、联系。

具有报复心理的独生子女在与同学、其他同龄者、大人交往相处过程中，一旦吃亏受委屈，或者因违规违纪受罚，会变得承受不起，接受不了，进而实施攻击性报复行为，他们认为只能赢不能输，只能占便宜得好处，不能吃亏受损失。由于输不起，受不得委屈，他们往往是非不分，冲动易怒，不讲道理，睚眦必报，锱铢必较，常常因为一点小事而纠缠不清，耿耿于怀，明里暗里报复，不达目的不罢休。

（二）解决对策

要想让小卉重新站起来，改掉陋习，做一个健康向上的好学生，首先就先让她融入集体，学会与他人交流。虽然小卉任性，好发脾气，但是赵老师发现她却很有个性，有才华，她感兴趣的事一定会尽全力地做好。3月份是校艺术节，赵老师觉得这是一个好机会，小卉从小就学跳舞，而且家里也有亲戚是市文工团的人，所以赵老师决定把艺术节班级节目排练任务交给她。她的反应一方面很高兴，因为这是她喜欢参与的活动；另一方面她也在担心，害怕组织不好，完成不了任务。赵老师鼓励她，每次排练都在一旁观看，帮她鼓劲，并答应给她做好其他同学的工作，使她打消顾虑。

经过小卉在各个方面的努力，在那次艺术节上，班级舞蹈获得了二等奖，她还参加了一个独舞的个人表演，并凭借着自己的实力当上了学校主持人。在艺术节里，她得到了充分的展示，她认真的态度，得到了同学们的肯定，同学们逐渐改变了对她的看法，她也融入了集体，学习上明显比以前积极。

往后的日子，她又恢复了原有的活泼，各种活动她都积极参加，参加了校排球队，并参加了市级的排球比赛获得第一名，她的热情在各种活动中得到了释放。但是，她的任性、好发脾气等坏习惯却也会经常发生，每次赵老师都会找她耐心聊天，虽然有了上次严重的打击，她的任性多少被消磨了一些，但由于长期养成的性格，很难在短时间彻底改变，赵老师也曾经找她父母谈过，希望他们一定要改变从前对她的随便迁就和溺爱，但对于这样长期形成的家庭环境，想彻底转变，恐怕是一个长期而又困难的过程。

（三）反思

苏联教育学家马卡连柯曾经指出："溺爱本身是一种伟大的情感，但会使子女遭到毁灭。"爱子女本身是教育的一种，爱得合理、恰当，可使子女感到安全、温暖，激发其求知欲及探索动机，成为健康成长的力量，但若是溺爱纵容则会害了子女。所以，家长在爱子女上要做到爱与教相结合，可参照以下五个方面：

1. 既爱又不溺爱。

2. 给予宽松的生活与学习环境，又要严格管理与要求。

3. 注意德、智、体全面发展，又不忽视个体差异。

4. 使热情关怀与严格要求和谐结合，切不可姑息迁就。

5. 对独生子女的优点鼓励赞赏而不过分，对其缺点则应予批评教育。

以上五个方面，家长要贯彻到孩子的整个教育过程中，否则，一旦使孩子养成不良的习惯与性格，则很难改变，对他一生的影响是巨大的。

二、独生子女的特点和常见心理问题

相比较非独生子女，独生子女自身也具有无可比拟的得天独厚的优势和优良的素质。如接受新事物的意识和能力非常强，思维独立，具有批判精神，注重自我形象，自信，富于同情心，有较强的平等意识、法律意识和自我保护意识，积极的休闲态度，兴趣爱好广泛，学习成绩好，多才多艺，见识广博，掌握着现代科技知识，擅长运用网络，成长平顺，关注自身发展，敢于冒险，富有激情，重视权利，注重规则意识，知识面广，表现出了极好的学习、接纳能力。

但是，由于他们从小受到父母的溺爱、娇宠，养尊处优，有的出现情感断层，感情冷漠，有的人格异常，行为古怪。据调查，在我国中小学生中间，约有1/5左右的儿童青少年都存在自私、说谎、作弊、任性、焦虑、抑郁等问题。以下是对独生子女的一些心理问题的分析。

1. 嫉妒心理。独生子女在家里地位独特，从小生活在一个自我封闭的世界里，享受着来自父母的娇宠，家人的呵护，亲友的奉承，容易优越感十足，自视甚高，发展成为不可一世的霸王、高傲无比的公主，自鸣得意，沾沾自喜。他们一旦发现别的同学有比自己更好吃的食物，更好玩的玩具,更漂亮的衣服,或是遇到比自己更强更厉害的对手,就无法接受,还不愿接受,从而产生嫉妒心理。爱嫉妒的孩子往往自己不努力,不求上进,也不让别人努力、求上进。不承认己不如人,不允许别人胜过自己。往往只看到别人的成功、成绩,不看努力奋斗的过程。当别人成功了,获奖了,总因心存不服,故意诋毁、挖苦、嘲讽,苛责于人,让人过不去,下不了台,以求得一种病态的心理平衡。

2. 自私心理。长期以来,有家长认为父母对子女的爱,就是在物质生活方面倾其所有、尽其所能地给予满足,宁愿自己苦一点,累一点,也要让孩子吃好玩好。让独生子女发展形成自私心理。只顾自己,不顾别人。自己独享,不让他人动。

3. 功利心理。独生子女是父母的唯一指望。家长往往望子成龙心切,恨铁不成钢,对孩子寄予的期望很大,要求过高过急,孩子在父母急功近利心理的影响下,逐渐产生和强化了自己的功利心理。功利心强的孩子往往学习目的明确,态度积极,动力充足,活动踊跃,训练能吃苦耐劳,但急功近利,好大喜功。他们的积极表现完全是为了出人头地,满足虚荣,他们不愿做幕后奉献的无名英雄,只能成功不能失败。如果他们在努力拼搏之后仍达不到目的,就可能采取作弊、贿赂、拉关系等方式,不择手段去实现。据调查,现在有相当一部分作弊的学生是那些平时学习成绩较好,家长和老师期望较大的"好学生"。这应当引起我们的深思!当然,人不能没有一点功利心理,那是催人奋进前行的动力所在。但功利心理太强,往往会使人不择手段,弄虚作假,损人利己。

4. 报复心理。独生子女从小到大绝少受过委屈,吃过亏,挨过打和骂,遭遇过挫折。即使偶尔与父母家人发生争吵,也往往是父母乖乖投降，让孩子心满意足，达到目的。他们在与同学、其他同龄者、大人交往相处过程中，一旦吃亏、受委屈，或者因违规违纪挨整受罚，因为承受不起，接受不了，往往产生报复心理，进而实施攻击性报复行为。他们认为只能赢不能输，只能占便宜得好处，不能吃亏受损失。常常因为一点小事而纠缠不清，耿耿于怀，明里暗里报复，不达目的不罢休。

5. 冷漠心理。大部分独生子女一生下来没有多子女家庭兄弟姐妹之间互相嬉戏、吵闹、帮助、照顾的手足亲情，缺乏集体生活的亲身感受，形成冷漠心理，不懂得情感表达的重要，对别人的困难、痛苦、不幸，往往表现出无动于衷，人际关系比较紧张，缺少知心朋友。

6. 孤独心理。在现代社会竞争激烈，生活节奏快，工作压力大，家长往往无暇顾及孩子，很少关注孩子的精神生活需求与心理感受，独生子女容易性格内向，沉默寡言，多愁善感，严重甚至离家出走、自杀等。

7. 自负心理。独生子女由于生活较优越，往往心高气傲，目空一切，自以为是。在他们眼里，只有自己行，别人都不行。总认为自己比别人强，总想事事占先抢头，容不得别人超过自己，一旦遭遇挫折失败，受到委屈，往往承受力差，痛苦不能自拔。

8. 享乐心理。独生子女从小娇生惯养，极少参加劳动，体会不到劳动的苦与乐。结果形成了好吃懒做，学习怕累，劳动叫苦，上学逃课，干活偷懒，只知索取，不求贡献。

上述几种不良心理并非独生子女所特有，在其他非独生子女身上也不同程度地存在着。总之，独生子女在其成长过程中暴露出来的种种心理问题，要求学校、家庭、社会各司其职，各负其责，互相配合，共同促进他们心理素质的健康良性发展。

三、独生子女心理特点的成因分析

(一) 家庭教育因素

中国社会由多子女的大家庭模式逐步演变为以独生子女为中心的小家庭模式。专家们把目前我国独生子女在祖父、祖母、外祖父、外祖母四人和父亲、母亲二人共同溺爱下发生的各种异常现象统称为"四二一综合症"。独生子女自出生起就拥有比他们的祖辈和父辈优越得多的生存环境。除了优越的物质生活条件外，因为是家里的"独苗"，家长们出于"独苗难栽"的心理，过度娇宠、保护子女，尽一切可能替他们包办的行为和心理也成了理所当然。"独门独户"的生长环境，使独生子女缺少与兄弟姐妹以及同龄伙伴相互影响的教育因素。这种特殊的生长环境极容易造成独生子女以自我为中心，形成自私、任性、自大、不求上进、孤僻不合群等不良心理特征。

家长不尊重子女的个性和人格，强迫子女按家长的意志行事，子女不遵从，动辄打骂体罚，使子女形成逆反、敌对的心理；还有封闭的家庭教育模式，必然造就思想僵化保守、心理闭锁和性格拘谨的人。在抓子女智力开发和文化知识的学习上，还任意加重负担、态度粗暴、实行体罚、盲目投资等。这些都会使子女产生抑郁、焦虑、恐惧等心理障碍。加之，中国的家庭缺乏教育独生子女的传统和经验，因此，把独生子女视为珍宝，娇惯溺爱的现象普遍严重。许多家庭是"有爱无教"，把孩子摆得地位过高，成为家庭中的"特等公民"。只享有权利，没有一点义务。这样，就难免使独生子女出现人格障碍或社会适应不良的倾向，甚至会促使孩子走上邪路，中外这方面的例子都不少见。众多事实说明，目前的家庭教育已经歪曲。

此外，父母离异、感情不和，也是诱发独生子女心理问题的主要因素。据了解，国外统计资料显示，父母双方离异比一方死亡对孩子的刺激还要大得多，极有可能造成孩子心理行为异常。

(二)学校教育因素

学校是教育和培养人的重要场所，学校中的各项教育管理措施，包括课程的设置、教材的使用、教学组织、教师的教育和管理，以及奖惩和校风的建设等，都对中学生的心理健康有很大的影响。

我国的教育作为对个体心理有着直接影响的客观因素，其本身存在着促使独生子女滋生心理障碍的病态基因。在我国的学校教育中，片面追求升学率仍是学校教育久治不愈的顽症。各学校把高合格率、高升学率作为追求的目标，许多学校只是片面地抓学生智力的培养，而忽视学生心理素质的教育，甚至对学生的心理健康漠不关心。这严重损害学生体、智、德、美、劳的全面发展。英国教育家洛克说过："儿童从导师方面受了无情的言语或鞭笞，他的心里就充满了恐怖，恐怖立刻就占据了他的整个心理，使他再也没有容纳别种印象的空隙了。"

(三)社会因素

我国目前处于社会转型时期的重大变迁之中，社会变迁作为重大的"应激源"将不可避免地给独生子女带来不同程度、不同方面的心理冲突，必然伴随传统文化与现代文化、本国文化与外来文化的相互撞击。面对相互撞击的多元文化，独生子女难以依据自己的认知水平去实现多元文化在主体价值上的有效整合。特别是在各种消极文化迅速蔓延的情况下，那些心理素质差、认知能力弱的独生子女，更容易产生迷茫、焦虑、消极、冲动、偏激等心理障碍，进而引发行为失范。

处于中学阶段的独生子女由于心理不够成熟、鉴别能力不强等原因，极易受到社会不良现象的诱惑，产生诸如盲目模仿、迷恋网络等心理现象和行为；人与人之间关系的复杂，青少年社会经验不足，很难应付；不健康的文学艺术的影响，黄色书刊的毒害，青少年识别能力差，很难抵制。复杂的社会问题对思想比较脆弱、心理素质较差的独生子女来说是很难应付的，出现心理问题的情况也比较多。

　　（四）自我因素

　　青少年正处在人生十字路口的重要时期，是人生当中最短暂的时期，也是最富有特色的时期。生理心理发生急速变化；充满着矛盾，是成熟期的大动荡，是多事之期，生理心理不平衡，内部外部均充满着矛盾。对众多的心理冲突，一部分青少年不善于自我调节和宣泄，又有"闭锁性"的一面，不愿意找别人调节，也容易造成心理疾病。

　　许多独生子女的自我期望太高，自我设计往往严重脱离社会和自己的实际。这样，就必然产生理想自我和现实自我的矛盾，而这个矛盾的加剧势必导致自我否定。可见，自我设计的偏差是独生子女产生心理问题最重要的、可怕的主观诱因。

四、班主任教育独生子女的对策

　　（一）要经常开展各种教育活动

　　1. 增强爱心教育

　　爱心教育应从小处入手，班主任首先要教育独生子女关心父母，体会父母为家庭操劳的辛苦与不易，强化他们尊敬长辈、孝敬父母的意识。其次在社会上则应积极引导独生子女参加类似于"关爱福利院老人"、"为贫困地区儿童捐资助学"等爱心奉献行动，提高对爱心的感知能力。

2. 搞好协作教育

班主任在教育的过程中，首先应该淡化"独生"概念，改变独生子女在家庭中的特殊地位，让其有时间与同辈人交往，避免独生子女出现冷漠、自私的个性倾向。引导其学会与他人分享，鼓励多参加一些集体活动。引导家长要放心地让他们到同龄人中去锻炼，培养其合作精神及协作能力。

3. 掌握人格教育

人格教育着眼于健全人格的培养，把受教育者的非智力因素如情感、道德、意志、动机等都看成教育内容。应注重自主、自尊、言行一致的教育，教育独生子女敢于对自己的言行负责，对人诚信，能虚心接受意见和批评，对以后人生中可能出现的打击和挫折能坦然面对等等。

4. 重视苦难教育

班主任要使得家长和学校通力合作，定期组织独生子女从事适度的劳动，提供磨炼意志和品尝苦难的机会，以使其增强吃苦意识，教育他们应该"吃苦在前，享受在后"，使独生子女对现有的幸福生活更加珍惜和热爱。还可以有意识地设置一些障碍和困难环境，让其在实际生活中吃一点苦，以使其懂得舒适生活的获得并非易事，培养独立自主、适应社会的能力。

5. 加强独立性教育

班主任要注重培养独生子女自己解决问题的能力，培养其自我意识和独立精神，摆脱对家长、对环境的过分依附。

(二) 要教育学生学会换位思考

客观公正地评价别人，是做人的基本原则，是正确认识自我的前提。

独生子女要充分尊重别人用实际行动和辛勤的付出所取得的成绩和荣誉，要学会换位思考，将心比心。在评价他人的同时，要找出自己的不足和劣势，切记用己之短，比人之长。要正确评价和把握自我，挖掘闪光点，给自己一个比较客观、准确的定位，不要好高骛远，要量力而行，找准超越自我的切入点。

（三）要教育学生调整心态，克服嫉妒、自私等不健康心理

嫉妒心理每个人或多或少都存在，更何况是问题居多的独生子女，嫉妒的最显著表现恰恰就是个人心理结构中"我"的位置过于膨胀，总是担心别人的成长和进步对自己构成威胁，对自己不利。他们如果整日陷入对别人的嫉妒之中，自己的身心同时也会受到影响，还浪费了大量的时间和精力。这样原本纯真、质朴的人生，让他们变得自私和丑陋。班主任应该加强对独生子女心理健康教育方面的重视，在生活中密切关注学生的心理动态，要以积极的心态迎接生活中的挑战和机遇，把自己的青春与热情积极地投入和释放，心底无私一点，要有海纳百川的气度，无欲则刚的心胸；引导他们健康文明向上的学风，做独生子女的知心朋友，还能交到一群积极向上的朋友，互相勉励，共同进步。

"少年智则国智，少年富则国富，少年强则国强，少年独立则国独立，少年自由则国自由，少年进步则国进步，少年雄于地球，则国雄于地球。"对独生子女问题的探究，将是一个长期的工程，应该成为社会、学校、家庭共同关注的重大问题。

第四节　隔代教育问题

近年来，随着经济的发展和城市化进程的加快，人们的生活压力越来越大，越来越多的年轻人没有时间和精力照顾孩子，他们将孩子托付给爷爷奶奶、外公外婆照料，接受"隔代教育"。

目前，"隔代教育"有三种情况：其一，父母双方都在家，但工作比较忙，没有时间管孩子，孩子由（外）祖父母抚养，这种情况在城市中较常见；其二，父母其中一方外出务工，孩子由（外）祖父母抚养；其三，父母双双外出打工，孩子交给（外）祖父母抚养。前两种称之为"半隔代教育"，第三种属于"完全隔代教育"。

从时间上来看，隔代教育又可以分为"短期隔代教育"和"长期隔代教育"。短期的隔代教育是指父母没有时间的时候，孩子由（外）祖父母抚养，父母有时间的时候自己抚养小孩；长期隔代教育是指外出打工的父母一年难得回家一次，甚至几年回家一次，孩子完全交给自己的（外）祖父母抚养，这两种情况城市和农村都存在着。

"隔代教育"是危险的，对孩子的身心发展十分不利。但在我国社会主义市场经济体制初步建立，工业化、城镇化进程不断加速的今天，劳动力流动成为一种必然趋势，"隔代教育"现象也将会在相当长的一段时期内存在，尤其是在农村更为显著。

一、典型案例

孙某，初一学生，他的班主任李老师通过家访了解到孙同学家庭经济状

况良好,该生在爷爷奶奶的陪伴下成长。由于他的父母都外出务工,平时无暇顾及孩子的学习、生活,加之监护人(爷爷、奶奶)年纪大,体弱多病,该生欠良好的习惯。

该生学习上有畏难的心理,在学习、生活上对家长过分依赖,也就是说欠自觉性与主动性。另外上课老打不起精神,注意力老是不能集中。而平时的作业不想做、懒得做,特别是当作业过多时,就会故意将作业放在家里不按时做或者是只做一部分,其他的说忘记做了或者说没听清楚作业做什么等等为借口。实际上是怕动笔、怕动脑、怕发言、怕作业,加上没有人约束,一心想随心所欲地玩。最后造成了成绩不理想,有自卑心理,平时少言寡语,与同学、老师交往时,往往显得不自信,在各种班级活动中常常是一副漠不关心的样子。

该生平时沉默寡言,独来独往,不愿与同学、老师交流,课堂上几乎从不发言,即使是很简单的问题,他会的问题,也不敢回答,自卑心理严重。偶尔也流露出想和同学们交往的思想,但显得不知所措,跟同学相处困难,所以无论是上学还是放学,还是在其他地方,你会发现始终都是他自己一个人,身边没有其他同学。此外,该生不太爱劳动,乱花钱,吃零食,说脏话,打同伴,"拿"同学东西。当有人检举出他的不良行为时他老以仇恨的目光对待,紧握着两个拳头,还老找借口或话题回绝。蛮横无理的不良举止举不胜举。

(一)问题分析

李老师通过多次家访、与本人交谈、长时间细心观察、与同伴的交流等多种方式,不断深入了解孙某和他的家人,最后得出他身上的这些问题主要来源于三个方面:

1. 隔代监护出现的过度溺爱

爷爷奶奶对孩子十分溺爱，大事、小事都迁就随愿，不忍对其进行严格的监督和教育，连日常生活小事都不舍得让他做，甚至连整理书包、装吃的等这些本该孩子做的事都包办了。

2. 父母不正确的教育和不合理的疼爱方式

由于该生父母常年在外地务工，在孙同学的生活中缺少父爱和母爱，在外的父母心里觉得内疚，因此对孩子处处补偿、事事迁就，生怕亏待了孩子，特别是在物质上、金钱上，他们对孩子更是有求必应，但和孩子在思想上的沟通却是极少的，对学习更是不闻不问。

3. 自卑使他的性格发生了变化

以前的他，性格开朗而又活泼，自父母外出后，他一直心神不定，成绩直线下滑，平时很少和老师、同学交流，表扬更是远离了他，这些使他觉得自己处处不如人，内心深处的自卑感使他害怕竞争、害怕失败，所以逃避一切，将自己包裹起来，并远离集体。

通过以上分析，我们不难发现孙某身上的问题主要源于监护人的溺爱，父母的错误教育方式、方法和他孤僻、不自信的性格，于是李老师从以下几方面进行了教育和引导。

(二) 教育和引导措施

1. 从监护人和家长入手，使他们能形成正确的教育观。李老师在课外时间充分利用课题组制作的"家访联系卡、记录卡"与监护人多次交谈，并用打电话、发短信等方式与孙某的父母进行沟通，让他们意识到孩子身上存在的问题及问题的严重性，使他们明白：钱不能弥补自己对孩子的歉意，无节制的物质满足是在害孩子，会使孩子滋生许多生活上的恶习。

2. 对他进行"三优"政策。即：优先发言、优先辅导、优先批改作业，并充分利用"结对子(手拉手)帮扶法"、"谈话法"、"主题班会法""田径运动会"等活动帮助该生确立自信、自强的信念，使其能融入集体，鼓励他多与同学交往，体会与人交往的乐趣，并通过讲解数学家小时候的好多小故事来激发他学习的兴趣。

3. 加强联系密度。针对孙某在校的一些情况，李老师及时和他的监护人联系，帮助分析孩子出现问题的原因所在，指导他们怎么做才能更好地去帮助孩子。

4. 榜样陶冶法。该生由于种种原因，似乎感觉在别人的眼中总是低人一等。为了让孤独、自卑的孙同学走出封闭的自我，平时在关心和爱护他的同时，还和他多交流。不光是老师和他的交流，班主任先后让班上优秀的同学，更有意地让留守儿童、单亲生等去主动接近他，与他一起谈心、学习、活动。在思想品德、行为习惯和学习等方面帮助他，努力让其找到成功的喜悦，促进其在各方面进步。同时，还要引导他主动地和同学交流，尽可能及早地融入集体中来。

(三) 教育反思

留守儿童问题是社会普遍问题，更是学校的热点问题，只有抓好学校教育这一重要的环节，才能更好地教育好留守儿童，才能让我们的下一代健康成长！那么学校理应是留守儿童的第二个家，老师是留守儿童的第二父母。当孩子在家得不到父母的关爱与照顾，就需要老师来充当代理父母，对他们给予更多的关爱和照顾，使其享有平等的受教育权利。同时，做老师的要像对待自己的子女一样对待他们，让其感受到父母的温暖。另外，社会各界要统一思想、认识，留守儿童是一个需要关爱的弱势群体,有与其他学生完整的人格尊严,不是"问题"学生、弱智学生。不要歧视他们,而要给予他们学习生活上的关心与帮助,学校力争为留守儿童创建积极健康的校园氛围以及一个良好的学习和生活的环境。

二、隔代教育的特点及负面影响

每个时代成长的人都带有每个时代的烙印,所以老年人的观念、文化素养、教育方式等与当代社会存在或多或少的差别,对孙辈难免会产生一些负面影响。

(一)隔代教育的特点

第一,教育者文化素养低。承担隔代教育任务的祖辈大都是文盲、半文盲,由他们抚养隔代人,只能尽看管之责,难担教育大任,即使对孙辈进行一些知识教育,也多是陈旧内容,缺乏科学性,甚至有封建迷信色彩,因此隔代教育下的知识与时代脱节,贻误了孩子的智力发展,不易激发孩子的学习兴趣。加上这些老人的农活相对于他们子女在家时更多更忙,因此,他们只能照顾孙辈们的生活起居,根本无暇顾及他们的教育,部分监护人连孩子在校读几年级几班、班主任姓甚名谁都不知道。

第二,教育者观念落后。祖辈们虽然经验丰富,但是他们的世界观形成于多年以前,与当今社会的发展存在某些差异。而且农村老年人接受信息的途径十分简单,很少真实接触到外面的世界。因此农村老年人思想落后、保守,观念滞后,也不容易改变几十年来形成的思维模式和生活方式,无法跟上社会发展和观念更新的步伐。在与孩子相处时,只希望孩子乖巧、听话,稳稳当当不出格,谈不上运用科学的、有创造性的方式引导孩子,对于孩子因好奇心而出现的"捣乱"、"破坏"等具有冒险和创新性的行为,总是急于加以阻止,甚至还认为这是一种不良的行为,容易泯灭孩

子天生的好奇心、冒险性和创新精神。如果孩子大多数时间都和这样的老年人待在一起，容易导致教育上的"脱代"，容易使农村留守儿童思想僵化，不易接受新事物，落伍于时代潮流，将很难适应城市化的进程，不利于农村现代化的实现。

第三，教育者教育方法简单。大多数的留守儿童正处于身心迅速发展的时期，对自身变化、人际交往等方面有着自己的理解与认识，同时也就带来了一些烦恼与冲突。这时，他们需要有倾诉的渠道，也需要有人能够告诉他们应该怎样正确对待这些问题。家人在这方面应该起到非常重要的引导作用。但由于父母在外，留在家里的祖父母无暇顾及他们的情绪情感变化，使得留守儿童缺少了起码的与父母交流的机会。孩子只能将自己的问题、苦恼藏在心里，这样容易使孩子形成冷漠、孤僻、不合群的性格。另外祖辈对孙辈教育手段简单，认为"树大自然直"、"教育小孩是学校的事"，只要物质、生活上的满足，不需要精神和道德上的管束与引导，即使孩子犯了一些错误，也姑息纵容，所以孩子得不到正确、严格的家庭教育，降低了家庭教育的质量。教育者教育方法的不当使孩子错失了形成诸如爱劳动、诚实、勇于承担错误等优秀品质。

第四，教育者有隔代心理情结。人到老年格外疼爱孩子，同时由于孩子父母长期不在家里，老人心里总是担心出差错，引起儿女责怪，更容易对孩子放松要求，过分地疼爱。由于教育者过度溺爱儿童，使儿童产生"自我中心"意识，以致造成孩子自私、任性等不良个性。还有的(外)祖父母因过度溺爱而护短，容易使孩子胆小怕事、不合群、应变能力差、性格内向。

(二)隔代教育中存在的问题

隔代教育是一把双刃剑，有利有弊。将孙辈托给祖辈抚养，这样没有了对孩子的担忧，父辈可以更加用心地投入工作。但是，隔代教育也容易使孩子在成长中出现一些问题。

1. 学习方面：(1) 学习成绩一般。祖辈社会实践经验比较丰富，但文化知识水平比较低。在日常生活中对孙辈学习的指导力不强，甚至部分祖辈采取放任的态度，任孙辈自己发展。(2) 缺乏主动性、自觉性。正处在儿童期的孩子学习的主动性和自觉性都比较差，他们需要祖辈的监管，可是事与愿违，由于祖辈在孩子学习方面爱莫能助，孙辈在学习过程中就容易产生惰性。(3) 厌学。由于学习成绩一般，孩子又缺乏主动性和自觉性，没有了学习的热情，碰到一些艰涩难学的知识，大多选择放弃。在这种情况下，孩子会出现厌学问题。

2. 人格方面：(1) 内向孤僻等性格。由于孩子长期跟随祖辈生活，生活环境比较封闭，平时很少和同龄的伙伴玩耍。因此，孙辈容易出现在生人面前或者遇到生人时不敢说话，胆小、内向、孤僻等性格逐渐形成。(2) 个人主义严重。中国有句俗话叫"隔代亲"，在现实中，祖辈大都溺爱孙辈。表现为：护子心切 (害怕孩子吃亏)、护短等。在此前提下，孩子们往往以自我为中心，在集体生活中适应力不强。(3) 不良感情"偏好"。孙辈长期同祖辈生活在一起，容易与祖辈关系亲密，与父辈的关系日趋疏远，再回到父母身边时，会有一种陌生、疏远感，甚至产生逆反心理，怨恨父母。

3. 行为方面：部分祖辈只关注孙辈的成长变化，关注日常的物质生活，对其内在修养和个人行为习惯很少给予指导与教育。因此，部分孩子在行为方面自由散漫，缺乏礼仪素养，动手能力弱，依赖性强。

4. 智力开发方面：中学阶段也是儿童智力发展的关键时期。一般需要

运用一定的手段来开发孩子的智力。如：动手制作、听音乐、外出观赏、观看电视大赛、参加实践活动等，而在实际生活中祖辈们的知识结构陈旧，难以给孩子科学的指引，有意无意使儿童失去了许多实践锻炼的机会，不利于中学生的智力开发。

5.心理健康方面：由于父母很少有机会陪孩子，在孩子的心中会有种被抛弃的感觉。尤其是中学生处于青春期，思想偏激，情绪喜怒无常，当遇到成长的问题时没有父母的引导很容易出现问题。此外，如果一个孩子从小缺少父母的关爱，在其成长进程中容易情感冷漠，与其他人相处中不易融洽，对他人容易出现敌对情绪，在集体生活中势必受到负面影响。

此外，农村隔代教育容易引发一系列的社会问题，如失学、犯罪、安全事故等。在隔代教育下，农村留守儿童的家庭教育实际上处于空白状态，影响了孩子各项素质的形成，如创新能力、交际能力、良好个性的培养，与我国素质教育的发展目标不相符合，不利于素质教育在农村的推广和实行。这不仅仅是家庭的问题、教育的问题，更重要的是一个新的社会问题。

三、班主任如何避免隔代教育产生的问题

成功的教育必须是家庭、学校、社会三方面紧密结合的全方位教育。因此，隔代教育不仅是一个家庭教育的问题，还是亟待解决的一个社会问题。必须将其视为一项系统的社会工程，整合家庭、学校和社会各方面的力量共同努力，寻求更好、更完善的方法加以解决。

作为班主任，可以建议在学校成立关爱"隔代儿童"工作领导小组，多开展集体活动，使隔代抚养儿童在人际交往方面得到改善的同时，增强孩子的集体荣誉感。班主任可以与任课教师一起，注重关爱隔代抚养儿

班主任必备丛书

中学班主任如何教育『问题』学生

童的学习、生活，在工作中做到"爱心、细心、耐心、恒心"。

（一）班主任要引导隔代监护人树立正确的教育观念

1. 加强家校联系。学校教育和家庭教育是儿童成长过程中接受的两种不同形式的教育，只有加强两者联系，才能充分发挥两者的教育力量。但是在农村学校，班主任很少甚至根本不进行家访，除非是学生在校出现重大错误，班主任才会进行家访或请家长来校，家校联系只是农村学校的一种非常规手段。为减少农村隔代教育的负面影响，农村学校应加强家校联系，提高家访的次数，通过不同的形式与家长进行联系，共同讨论如何教育好孩子，使家校联系成为学校的常规手段。

2. 加强宣传力度。利用报刊、广播、电视、互联网等大众媒体宣传加强留守儿童的家庭教育的重要性，将那些因缺乏家庭教育而出现的如孩子有心理疾病、犯罪、人身受到伤害等事例广而告之，引起社会对留守儿童的家庭教育现状的关注和重视。

3. 要对农民工家庭开展一些宣传和传授家庭教育知识的活动。如开展"四老（爷爷奶奶外公外婆）及临时托管人家教知识培训班"，帮助留守儿童监护人树立正确的家庭教育观念，掌握科学的家庭教育知识和方法。

（二）班主任要对隔代教育的学生格外关心

班主任应尊重主体——学生，变"生硬说教"为"情理交融"。在晓之以理的同时，充分运用情感因素，激发学生的心理感应，引起学生心灵深处的共振，唤起情感共鸣，以此驱动学生道德、行为和品质的形成。如在生活上关心体贴他们，热切地关注和耐心地帮助他们。善于捕捉他们生活中的闪光点，并给予及时的肯定和鼓励，用爱心打开他们紧锁的心扉，常

以自己成长过程中的亲身经历和体会与他们交流思想, 倾听他们的叙述, 以情换情, 同时营造团结互助的良好班级氛围。潜移默化中使他们学会关心自己, 懂得关心、理解和尊重别人, 感受到人与人之间的真情与美好, 逐渐学会适应生活, 摆正自己的位置。

在遵循学生心理发展规律的基础上, 除做耐心细致的工作外, 也要有一定的严格教育和要求, 对原则总是不能迁就。通过班团课、主题班会等各种形式对他们进行纪律教育和法制教育。对他们的行为起到提醒和约束作用, 针对他们的具体情况, 提出不同阶段所要达到的行为目标。如果有违纪行为绝不能迁就, 要以耐心细致的思想教育和严肃的班级纪律处理相结合教育他们。

(三)班主任要经常开展针对隔代儿童的教育主题活动

1. 开展"亲情展示活动"。班主任要经常组织开展孩子给家长打电话情境表演、"爸爸、妈妈我想对你说"主题班会、给远方的家长写封信、"迎佳节家校联谊"等活动, 增进学生与家长的交流和沟通。

2. 开展独立自强, 从我做起的主题活动, 让隔代儿童学会"自理、自立、自护、自律、自强", 引导他们健康成长。

3. 开展"理想人生伴我成长"的教育活动。让隔代教育的学生将实现其人生理想的自我规划、自我管理、自我教育、自我评价的过程记录下来, 通过日记、周记、交流、月评等方式提高自我教育能力。

总之, 隔代教育是一种不可避免的社会趋势, 作为班主任需要从各个方面积极努力, 尽量使接受隔代教育的儿童健康成长。

参考文献

[1]苗庆峰.如何应对问题学生与学生问题[M].北京：华文出版社.2010,10.

[2]王晓春.问题学生诊疗手册[M].上海：华东师范大学出版社.2009,6.

[3]高影.问题学生诊断[M].济南：山东文艺出版社.2011,4.

[4]魏书生.班主任工作漫谈[M].北京：文化艺术出版社.2011,5.

[5]张向葵.青少年心理问题研究[M].长春：东北师范大学出版社,2004,12.

[6]王标.问题学生教育与班主任工作关系的探讨[J].内蒙古师范大学学报(教育科学版).2007,12.

[7]季元元.成功转化后进生的案例分析[J].教育艺术.2010,4.

[8]卢尧 黄少兵 汪学余 辜大庆.国内关于"问题学生"界定研究综述[J].中小学教师培训.2008,5.

[9]何世福.化解中学生人际冲突的几种策略[J].湖南教育.2002,9.

[10]黎嘉瑶.中学生们的追星现象[J].校园文苑,2004,7.

[11]孙天威,杨志刚.对青少年追星现象的心理学分析及教育策略[J].教学与管理,2002 (18).

[12]王芹,陈世平.中学生人际冲突解决策略的相关研究[J].心理与行为.心理与行为研究,2005,3(1):53-56.

[13]刘玉桃.积极利用中学生逆反心理的正效应[J].河南教育,2004,(4): 16-17.

[14]唐久来,唐茂志.独生和非独生子女的配比智力、社会生活能力和行为研究[J].中华儿科杂志,1994,32(6):347-349.

[15]苏霍姆林斯基.给教师的一百条建议[M].天津:天津人民出版社,1981.45-46.

[16] 崔伊薇,高文华,王桂英.独生子女心理特点与心理健康教育探讨[J].中国学校卫生,1994,15(4):244-246.

[17] 曹慧巧.浅谈中学生早恋现象及应对措施[J].教育革新, 2009, (9) .

[18]芦巧惠. 当前中学生早恋现状分析与教育对策[J].天津师范大学学报(基础教育版), 2010, (3).

[19]杨海兰.浅谈班主任工作艺术[J].新课程 (下) .2011,5.

[20]晋琳.青少年网络成瘾的研究现状[J].中国心理卫生杂志.2008,6.

[21]李振刚,杨继仁. 留守儿童教育存在的问题及其对策[J].西北成人教育学报.2011,1.

[22]李赐平.当前隔代教育问题探究[J].淮北煤炭师范学院学报. 哲学社会科学版. 2004, (4) : 13.